Jürgen Hübschen

DER LACK IST AB – NA UND?!

agenda

Jürgen Hübschen

Der Lack ist ab – na und?!

Lebens- und Überlebenshilfe für alle, die auch vom Alter überrascht wurden

agenda Verlag
Münster
2007

Bibliografische Information der Deutschen Nationalbibliothek

Die Deutsche Nationalbibliothek verzeichnet diese Publikation in der Deutschen Nationalbibliografie; detaillierte bibliografische Daten sind im Internet über http://dnb.d-nb.de abrufbar.

Drubbel 4, D-48143 Münster
Tel.: +49-(0)251-799610 | Fax +49-(0)251-799519
www.agenda.de | info@agenda.de
Layout, Satz und Umschlaggestaltung: S. Vonderbank
M. Mackensen von Astfeld
Druck & Bindung: SoWa, Warschau/PL

ISBN 978-3-89688-325-4

Inhaltsverzeichnis

Warum gibt es dieses Buch?

Mit dem Bücherschreiben habe ich schon 1991 angefangen, aber in diesen –aus meiner subjektiven Sicht - schriftstellerischen Meisterleistungen, die allerdings von der lesenden Bevölkerung unseres Landes nicht immer angemessen gewürdigt wurden, ging es immer um politische Themen, vor allem um die Nahmittelost-Region, weil meine Frau und unsere vier Kinder mit mir drei Jahre im Irak gelebt haben. Ich habe dort als Militärattaché dem Vaterland gedient.

Im Jahre 2006 wurde ich von Freunden und Bekannten dazu verführt, ein Buch über die Kindheit und Jugend im Münsterland zu schreiben. Und dieses kleine Büchlein mit dem Titel „Badetag und Wundertüte – Kindheit und Jugend im Münsterland 1950-1965“ hat vielen meiner Generation die Erinnerungen an eine Zeit zurückgebracht, die in ihrer Art einmalig war und sicherlich nie mehr wiederkommen wird. Da haben wir beim Lesen gemeinsam in Erinnerungen geschwelgt. Wir haben uns einerseits wieder ein bisschen jung gefühlt, aber wurden auf der anderen Seite etwas fassungslos mit der Tatsache konfrontiert, dass das alles offensichtlich schon 50 Jahre her ist.

Eigentlich wäre das ja nichts Schlimmes, wenn man nur nicht zur Kenntnis nehmen müsste, dass es weitere 50 Jahre für keinen von uns mehr geben wird. Wer schon lange auf der Welt ist, der hat eben eine intensive Vergangenheit, aber eine nicht mehr ganz so lange Zukunft.

Damit muss man jetzt wohl langsam aber sicher klar kommen. Und da habe ich mir gedacht, ich könnte doch mal versuchen, es dieser Nachkriegsgeneration etwas leichter zu machen, mit dieser Tatsache zurecht zu kommen.

Das Ganze geschieht nicht ohne Eigennutz, weil ich ja auch zu dieser einmaligen Generation gehöre!

Der Lack ist ab, daran gibt es nichts zu rütteln, aber genauso klar ist, dass wir deswegen noch nicht vollständig die Farbe verloren haben. Auch mit 60 und ein paar mehr Jahren ist das Leben ja Gott sei Dank noch nicht zu Ende; man muss nur neue Facetten entdecken und genießen. Dann kann man es eigentlich noch ganz gut aushalten.

Ein Freund von mir sagte mal ganz trocken, als es wieder um das bei Männern so beliebte Thema „Frauen" ging und um die Erkenntnis, dass ja auch unsere Frauen mit uns älter geworden sind: „Man kann auch in einem alten Gebetbuch noch eine sehr schöne Messe lesen." Das war sehr liebevoll von ihm gemeint und weiß Gott kein Macho-Spruch von ihm, auch wenn das irgendwelche Pseudo-Emanzen vielleicht so verstehen wollen, aber die lesen dieses Buch sowieso nicht. Machomäßig wäre es gewesen, wenn er gesagt hätte: Ein Mann ist so alt wie er sich fühlt und eine Frau so alt, wie sie sich anfühlt. Hat er aber nicht gesagt, weil er ein genauso stiller, feiner Mensch ist, wie es in unserer Generation eben so ist!

Also: Mit dieser positiven Erkenntnis meines Freundes im Hinterkopf, will ich denen, die mit mir jung gewesen und jetzt so 40- 50 Jahre älter geworden sind, mit diesem Büchlein ein paar Lebens- und Überlebenshilfen geben. Im Herzen muss man nämlich nicht alt sein, nur weil wir – rein äußerlich - jetzt zu den Faltenreichen gehören. Eigentlich sind es nämlich gar keine Falten, sondern es ist Profil!

Ich würde mich freuen, wenn diejenigen, die nach dem Lesen des ersten Büchleins gesagt haben: „Ja so war es", nach der Lektüre der nachfolgenden Lebensweisheiten feststellen: „Ja, so isses!"

Ich widme dieses Buch meiner Frau Brigitte, mit der ich seit

1968 verheiratet bin, unseren Kindern Matthias, Jens, Henrik und Katja, unseren Schwiegertöchtern Emma und Anne, unseren Enkeln Johann und Sara und all unseren Freunden, die uns auf verschieden langen Wegsstrecken in den vergangenen 50 Jahren begleitet und dadurch maßgeblich dazu beigetragen haben, dass ich von meinem jetzigen Lebensalter irgendwie ein bisschen überrascht worden bin.

Greven, im Sommer 2007

Auf einmal 60, wie ist das eigentlich passiert?

Bei uns in der Familie gibt es seit der Geburt unseres ersten Kindes einen Geburtstagskranz. Da brennt für jedes Jahr eine Kerze, und für jedes Jahrzehnt wird in die Mitte des Kranzes eine dicke Kerze dazu gestellt. Also, damit Ihr das alle kapiert: Wenn ein Kind 11 Jahre alt wird, dann brennt auf dem Kranz eine dünne Kerze, und in der Mitte gibt es eine dicke zusätzlich.

Klar, dass es den Kindern am Anfang bis zur ersten dicken Kerze nicht schnell genug gehen konnte, aber das ändert sich im Laufe des Lebens ein wenig...Als bei mir in der Mitte des Geburtstagskranzes 6 dicke Kerzen brannten, da war es offiziell, nicht mehr zu leugnen und eben auch nicht mehr zu übersehen: Ich war 60 Jahre alt, und in diesem Jahr kommt schon die zweite dünne Kerze dazu.

Man könnte in diesem Zusammenhang durchaus von einem gewissen jährlichen Automatismus sprechen. Aber auch das muss man positiv sehen. Als mir eine Freundin einmal erzählte, dass sie gar keinen Geburtstag mehr feiern würde, weil man ja sowieso nur immer älter würde, konnte ich diese nicht zu überhörende beginnende Resignation mit einem ganz einfachen, aber sehr überzeugenden Spruch relativieren, indem ich ihr sagte: „Sei froh, dass Du jedes Jahr älter wirst, sonst wärst Du nämlich bereits tot!“ Ich gebe zu, dass diese Feststellung etwas drastisch war, aber an ihrem Wahrheitsgehalt konnte die altersverzagte Dame auch nicht rütteln.

Also, am Geburtstag merkt man das Alter sozusagen offiziell, aber es gibt im Laufe des Lebens viele kleine Anzeichen dafür, die man in jungen Jahren in der Regel allerdings nicht zu Kenntnis nimmt. Später entwickelt sich ein gewisser Verdrängungsmechanismus, der zugegebenermaßen unterschiedlich gut funktioniert.

Ich habe, soweit ich mich erinnere, zum ersten Mal kapiert, dass ich vielleicht doch nicht mehr ganz so jung bin, als unser ältester Sohn in die Schule kam. Da stand der Bursche mit einem ähnlichen Gesicht, wie sein Vater knapp 25 Jahre früher, mit einer großen Schultüte im Arm vor einem roten Backsteingebäude und fürchtete sich ein bisschen vor dem großen Ereignis, auf das er sich doch so gefreut hatte.

Und während ich ihn so anschaute, klickte es plötzlich bei mir irgendwo im Hinterkopf, und ich sah mich selbst mit dieser Tüte, in der allerdings unten ein Papierknubbel steckte, damit nicht so viel Süßigkeiten hineinpassten. 1952 hatten wir es eben alle nicht so dicke. Ich stand vor der Lamberti-Schule in Coesfeld und erwartete Fräulein Aulich. Fräulein war nämlich damals nichts Ehrenrühriges, sonder eine Lebenseinstellung!

Meine Mutter, die nun schon fast 20 Jahre tot ist, hielt meine kleine heiße Hand und hat vielleicht dasselbe gefühlt, wie ich an diesem ersten Schultag unseres Sohnes 1976.

Nach diesem Klick in meinem Hinterkopf verschwanden die Bilder auch bald wieder, und ich machte dem Jungen Mut, für den ja sozusagen jetzt der Ernst des Lebens begann. Außerdem war ich stolz darauf, dass ich schon einen Sohn hatte, der in die Schule ging! Ich war nämlich selbst erst 31 Jahre alt.

Vielleicht ist es dem Einen oder Anderen von Euch ähnlich gegangen. Ich glaube, dass man wohl generell sagen kann, dass man dann zum ersten Mal über sein Lebensalter nachdenkt, wenn die eigenen Kinder Entwicklungsschritte machen, an die man sich selbst noch erinnern kann. Alles, was vor der Schulzeit passiert ist, sind jedenfalls für mich mehr so gesammelte Kindheitserinnerungen, ohne dass ich da ganz konkrete Erlebnisse vor Augen habe. Vielleicht habe ich ja auch nur ein schlechtes Gedächtnis.

Komisch war im Rückblick, dass ich bei der Geburt unseres ersten Kindes – und auch bei den nächsten Dreien – keinerlei Reflektionen bezüglich meines Alters hatte. Das lag sicherlich auch daran, dass ich es irgendwie gar nicht so richtig kapiert hatte, dass ich jetzt Vater war, und mit welcher Verantwortung das alles verbunden war. Da machen sich die jungen Leute heute aus meiner Sicht viel mehr, um nicht zu sagen zu viel Gedanken. Wir haben die Kinder einfach gekriegt und sind mit Gottvertrauen oder auch einfach grenzenlosem Optimismus davon ausgegangen, dass alles schon irgendwie klappen würde. Die finanzielle Lage hat uns in diesem Zusammenhang genauso wenig interessiert wie irgendwelche politischen und wirtschaftlichen Entwicklungen, die möglicherweise hätten fatal werden können.

Vielleicht hatten wir in unserer Familie diese kölsche Weisheit: „Es hat noch immer joot jejange“ oder so ähnlich - wie man das schreibt oder ausspricht kann ich als Münsterländer ja nicht wissen- irgendwie in den Genen; denn unsre Kölner Freunde, die uns dieses Lebensmotto hätten vermitteln können, haben wir erst kennen gelernt, als drei von unseren Kindern schon aus dem Haus waren.

Die Kinder waren im Laufe des Lebens immer wieder Anlass dafür, mal kurz und heftig zu registrieren, dass die ganz Jungen jetzt offensichtlich andere waren als meine Generation.

Das nächste Erlebnis war die Erstkommunion, auch daran erinnerte ich mich ganz genau, und ich sorgte dafür, dass unsere Söhne nicht diese albernen dunkelblauen Anzüge mit kurzen Hosen tragen mussten, wie das im Münsterland üblich war. Bei unserer Tochter, unserem Nesthäkchen, - später wäre der Begriff „Nesthaken“ ab und zu durchaus zutreffender gewesen – war das natürlich völlig anders. Sie wollte ich im weißen Kleidchen mit einer großen Kerze in der Hand und einer weißen Schleife im Haar sehen. Da war mir mein Alter völlig egal, und das lag nicht daran, dass ich niemals ein weißes Kleidchen getragen hatte! Ich fand das einfach nur total gut, dass dieses hübsche Mädchen - in unserem Fall hätte man ja auch sagen können „Hübschen-Mädchen"- unsere Tochter war. Da konnte man wirklich sagen: Der Name ist Programm, was sich bei ihr mit zunehmendem Alter nachhaltig bestätigt hat!

Um die Evangelischen, diese liebenswerte Minderheit im Münsterland, nicht zu unterdrücken, soll nicht unerwähnt bleiben, dass sie bei der Konfirmation ihrer Kinder wahrscheinlich ähnlich empfunden haben wie wir Katholiken bei der Erstkommunion.

Ich denke, jeder von Euch wird sich auch daran erinnern, als die Kinder ihren Schulabschluss machten. Als unsere Kinder ihr Abschlusszeugnis erhielten, da kam es mir jedes Mal wieder etwas merkwürdig vor, dass ich nicht als unmittelbar Beteiligter, sondern lediglich als Zuschauer an dieser Zeremonie teilnahm. Man hat dann immer ein bisschen nach links und rechts geschaut und sich leise die Frage gestellt, ob man selbst vielleicht auch schon so alt aussieht wie die anderen Eltern. Beim ersten Kind ging es bei uns ja noch, aber bei unserer Tochter, die 13 Jahre jünger ist als ihr ältester Bruder, musste ich mir eingestehen, dass ich nicht nur so alt aussah wie die anderen Eltern, sondern deutlich reifer als viele von ihnen, vor allem, was die langsam aber sicher schwindende Pracht meines Haupthaares anging...!

Aber vorher hatte ich noch ein echtes Schlüsselerlebnis, das wahrscheinlich der oder die eine oder andere von Euch mit mir teilt. Die Rede ist von der Tanzstunde unserer Kinder. Beim Abschlussball unseres Erstgeborenen sagte der Tanzlehrer:

„Und jetzt fordert die junge Dame den Vater ihres Tanzpartners auf und der junge Mann die Frau Mutter seiner Partnerin."

Diese Ansage hatte ich in überhaupt keinem Zusammenhang mit meiner Person gesehen. Ganz im Gegenteil: Meine Augen ruhten mit Wohlgefallen auf den jungen Damen, und in meinen Gedanken befand ich mich im Saal der Gaststätte „Döbbeler-Bruns" auf dem Coesfelder Berg, wo mein Tanzstunden-Abschlussball gefeiert worden war. Dass dieses Ereignis bereits 1962 stattgefunden hatte, war mir in diesem Moment nur sehr bedingt präsent. Stattdessen erinnerte ich mich mit diebischer Freude an einen ganz besonders gelungenen Coup.

Wir hatten nämlich, um den Wettbewerb um die Mädchen nicht zu hektisch werden zu lassen, auf meine Initiative hin unter den Jungen vereinbart, mit der Einladung zum Mittelball mindestens bis zur dritten Tanzstunde zu warten, um sich in aller Ruhe ein Gesamtbild machen zu können, bevor man seine Wahl traf. Damals, nichts anders als heute, gab es bei den jungen Damen und Herren natürlich „sonne und sonne", eigentlich mehr „sonne"! Mit Kennerblick hatte ich das zur Kenntnis genommen und deshalb bereits nach der ersten Tanzstunde das aus meiner Sicht hübscheste Mädchen zum Schlussball eingeladen. Das war formal nicht gegen unsere Absprache, obwohl ich aus heutiger Sicht, sozusagen mit einem gewissen zeitlichen Abstand, zugeben muss, dass es dem Geist der Vereinbarung nicht ganz entsprach. Deshalb gab es auch ein ziemliches Theater mit entsprechenden Beschimpfungen seitens meiner Klassenkameraden, aber da musste ich durch. Als ich meine Tanzpartnerin und schon ein bisschen Tanzstunden-Liebe nach der dritten Tanzstunde fragte, ob sie schon zum Mittelball eingeladen sei, schüttelte sie den Kopf. Genau so hatte ich mir das ausgedacht, – ich muss zugeben, eigentlich war es ein Tipp von meinem älteren Bruder – und so lud ich sie, absprachegemäß! sofort auch zum Mittelball ein. Als das rauskam, bekam ich noch größeren Ärger als bei der Einladung zum Schlussball!

Also: Genau bei diesem Ereignis war ich mit meinen Gedanken, als plötzlich eine hübsche junge Dame vor mir stand und mich um einen Tanz bat. Ich sagte natürlich freudig zu und kapierte in meiner Eitelkeit erst auf dem Weg zur Tanzfläche, dass ich in meiner Eigenschaft als Vater unseres Sohnes und nicht einfach so als toller Typ aufgefordert worden war...!

Das war wieder so ein Erlebnis, mit dem man hätte erklären können, dass es für dieses „auf einmal 60“ doch schon einige Vorwarnungen gegeben hat, wenn man sie denn hätte wahrhaben wollen!

Studienabschlüsse machten es unwiderruflich, dass man mittlerweile schon fünf dicke Kerzen in der Mitte vom Geburtstagskranz hatte.

Aber diese Erkenntnis – und ich denke, Ihr werdet mir alle recht geben - wurde noch deutlich getoppt, als man zum ersten Mal diese sehr spezielle Rolle der Braut- oder Bräutigam-Eltern zu übernehmen hatte. Man stand in der Kirche in der ersten Bank, und vorne am Altar heiratete das eigene Kind. Ich muss zugeben, dass das für mich ein ziemlicher Hammer war. Bei Töchtern, die man auch noch selbst zum Altar zu führen hat, sozusagen zur Übergabe, soll das ja noch intensiver sein. Aber dieses Ereignis steht mir noch bevor, wenn ich mal unterstelle, dass unsere Tochter diesen Weg gehen wird.

In der Kirche wird dann bei solchen Ereignissen auch noch geweint, bisweilen ausgesprochen ansteckend, wie zum Beispiel bei der Hochzeit unseres zweiten Sohnes. Da heulte nachher fast die ganze Festgemeinde, allerdings aus Freude und Rührung, wie man mir später glaubhaft versichert hat.

Und wenn man dann in der Gaststätte im dunklen Anzug die-se Rede hält und dabei die vielen netten älteren Herrschaften sieht, mit denen man befreundet oder verwandt ist und diese vielen jungen Leute, die mit dem Brautpaar befreundet sind, dann lässt es sich auch nicht mehr verdrängen, dass man offensichtlich schon länger auf der Welt ist.

Und trotzdem oder gerade deswegen genießt man diese Lebensabschnitte der Kinder mit einer ganz dicken Freude im Bauch und auch einer großen Dankbarkeit für diese gemeinsamen Erlebnisse. Bei uns geht in solchen Momenten auch der Blick mal nach oben, weil es ohne die schützende Hand des Herrgott so viel Glück niemals geben könnte. Jedenfalls glaube ich das!

Und das Tüpfelchen auf dem „I" bei diesem Erleben des Älter Werdens, das ist das erste Enkelkind. Da schließt sich dann ein Kreis, und das ist etwas so Besonderes, dass es dafür in diesem Büchlein ein eignes Kapitel gibt, ebenso wie für die Kinder, die mittlerweile ihr eigenes Leben leben.

Natürlich sind es „auf dem Weg zum Greise", wie Curd Jürgens diesen Prozess einmal besungen hat, nicht nur die konkreten Lebensabschnitte der Kinder, die unmissverständliche Hinweise darauf geben, dass der Lack die ersten Sprünge bekommen hat. Es sind Ereignisse im Beruf und auch viele Kleinigkeiten im Alltag, an denen man merken könnte, wenn man es denn wollte, dass man – wie man so schön sagt – nicht mehr der Jüngste ist.

Von einigen dieser Erlebnisse will ich erzählen und damit Eure Phantasie anregen, Euch selbst zu erinnern, wie und wann bei Euch denn das Alter mal angeklopft hat. Größere Themenbereiche werden gesondert behandelt, aber das habt Ihr ja sicherlich beim Studieren der Gliederung bereits festgestellt.

Es fängt wahrscheinlich damit an, dass man sich beim Treffen mit alten Freunden immer öfter dabei ertappt, von „alten Zeiten" zu erzählen. Da erinnert man sich an gemeinsame Erlebnisse, die nicht selten viele Jahre - um den Begriff „Jahrzehnte" zu vermeiden –zurückliegen. Es sind unglaubliche Einzelheiten „von früher" präsent, aber man hat Schwierigkeiten, Dinge auf dem Schirm zu behalten, die erst ein paar Tage zurückliegen oder die man sich für den nächsten Tag vorgenommen hat. Man kann sich ausschütten vor Lachen über Erlebnisse, die man sich gegenseitig schon zig Mal erzählt hat. Wenn dann die Kinder mal dazukommen, grinsen die nur vielsagend und stoßen sich gegenseitig in die Rippen mit der Bemerkung: „Die erzählen schon wieder von früher". Manchmal wollen sie es ja selbst gern hören, aber bestimmt nicht so oft, wie wir davon erzählen.

Aber wir Alten, wir merken das überhaupt nicht, weil wir ja gar nicht wissen, wie alt wir sind, und weil wir uns besonders im Kreise alter Freunde ja auch gar nicht so fühlen. Das ist ja einer der Riesenvorteile von alten Freunden und Ehepartnern, die man schon sein ganzes Leben lang kennt, dass man nämlich gemeinsam alt geworden ist, und es deswegen überhaupt nicht merkt; es sei denn durch den Brummschädel am nächsten Tag. So eine richtige Sause steckt man eben nicht mehr so weg, wie vor dreißig Jahren. Aber, wenn dann am nächsten Tag der Kreislauf seinem Namen alle Ehre macht, dann schiebt man diese Folgen eines besonders gelungenen Abends eben aufs Wetter und nicht auf einen nicht altersgemäß behandelten Kopf oder Magen. Wir retten uns mit dem Motto: „Wer 60 Jahre alt ist, und dem morgens, wenn er aufsteht, nichts weh tut, der ist tot!"

Apropos „tot": Wenn man sich dabei erwischt, dass man morgens in der Zeitung die Todesanzeigen liest, dann ist das auch ein Alarmsignal dafür, dass die Jugend versucht, sich heimlich zu verabschieden. Aber liebe Nachkriegsgeneration, das ist erst dann wirklich schlimm, wenn man die Todesanzeigen als erstes liest, und richtig kritisch würde es allerdings, wenn es die eigene Anzeige wäre, aber das kann ja Gott sei Dank aus naheliegenden Gründen nicht passieren.

Geht es Euch übrigens auch so beim Lesen von Todesanzeigen, dass man danach guckt, wie viele vom eigenen Jahrgang dabei sind? Wenn es viele Ältere sind, orientiert man sich vorzugsweise an denen, die deutlich älter waren, als sie himmelwärts streben mussten oder vielleicht auch in die entgegengesetzte Richtung; wer weiß?! Wenn Jüngere gestorben sind, ist das im weitesten Sinne auch eher beruhigend, weil man deren Altersklippen ja bereits erfolgreich umschifft hat. Irgendwie treffen einen die Ausfälle des eigenen Jahrgangs härter. Mir geht es jedenfalls so.

Ein typisches Merkmal für unser fast biblisches Alter ist auch die Tatsache, dass wir mittlerweile mehr verstorbene Schauspieler und Sänger kennen als lebende. Da muss man sich zwischendrin ein bisschen damit trösten, dass die Generation unserer Eltern, vor allem aber die der Großeltern gar nicht so alt geworden ist oder in unserem Alter schon viel älter war als wir. Ich gebe zu, das klingt ein bisschen komisch, aber ich meine damit, wie die in unserem Alter ausgesehen haben und was die noch gemacht, bzw. nicht mehr gemacht haben.

Die Männer trugen schon mit 30 Jahren große Hüte und hätten sich bestimmt nicht mehr in kurzen Hosen aufs Fahrrad gesetzt. Unsre Großmütter haben nach der Geburt des letzten Kindes den BH abgeschafft und die Farbe ihrer Kleider auf schwarz, maximal dunkelblau reduziert. Einziger Farbtupfer war zu besonderen Anlässen ein kleiner weißer Kragen. Sie haben richtig würdig ausgesehen und auf Äußerlichkeiten wenig Wert gelegt, was aber sicherlich auch an den deutlich eingeschränkteren finanziellen Möglichkeiten gelegen hat.

In diesem Zusammenhang ist allerdings anzumerken, dass es in unserer Generation nicht selten das andere Extrem gibt, so nach dem Song von Udo Jürgens „Mit 66 Jahren..." Eine feine ältere Dame mit einem ganz leicht violetten Ton im weißen Haar hat sicherlich besser ausgesehen, als heute eine 60jährige in Wasserstoffsuperoxyd-Blond und im kurzen Rock über den dezent von Arthrose gekennzeichneten Knien. Aber darauf komme ich noch detaillierter zu sprechen.

Irgendwann haben meine Frau und ich uns entschlossen, ein Testament zu machen. Dieser Augenblick hat mich noch betroffener gemacht als das Ausfüllen eines Organspender-Ausweises. Das hat mich schon etwas eigenartig berührt, weil es bei diesem Ausweis ja definitiv darum geht, was mit meinen Innereien passiert, wenn ich den letzten Schnaufer getan habe. Abgesehen davon, dass ich nicht glaube, dass meine Münsterländer-Leber, die zusätzlich noch vier friesische Jahre hinter sich hat, wirklich ein brauchbares Ersatzteil für einen anderen Menschen ist, geht es bei der Organspende, wenn sie akut wird, ja um etwas wesentlich Schlimmeres als das Alter, nämlich um den Tod. Also, da wollen wir mal mit unseren Jahren auf dem Teppich bleiben. Auch die sind, wie man im Zusammenhang mit der Organspende sehen kann, durchaus etwas Relatives. Ich finde, das beruhigt.

Aber ich wollte ja eigentlich vom Testament erzählen und seine Wirkung auf die Wahrnehmung von Alter. Junge Leute machen kein Testament, auch wenn es bei den waghalsigen Sportarten, die manche betreiben, durchaus angebracht wäre. Aber ich will nicht schon wieder verdrängen.

Also: Wer ein Testament macht, hat definitiv ein gewisses Alter erreicht. Er hat im Regelfall auch Erben, was, wenn es sich um die eigenen Kinder handelt, ein weiterer Beweis dafür ist, dass man nicht mehr so ganz jung sein kann.

Schön war im Zusammenhang mit unserem Testament, dass unsere drei Söhne – wie Ihr gleich erkennen werdet, war das Thema für unsere Tochter eher nebensächlich - nicht so sehr daran interessiert waren, was einmal mit unserem Haus geschehen soll, sondern eine klare Regelung verlangten, wer einmal mein altes Fahrrad bekommt, das die Vorderseite dieses kleinen Büchleins ziert. Es ist nämlich genauso alt wie ich. Meine Mutter hat mir dieses, damals bereits zehn Jahre alte Rad zu meinem zehnten Geburtstag geschenkt. Da es ein Herrenrad ist, hält sich das Interesse unserer Tochter in Grenzen, obwohl auch sie als Kind lange Zeit auf einem kleinen Sattel gesessen hat, der vorne auf der Stange meines Fahrrades befestigt war. Ihr werdet Euch erinnern, dass es für die Füße an den beiden Vordergabeln so kleine Stützen gab. Über die Schuhe wurden zwei feste Gummis gezogen und eingehakt, damit die kleinen Füße nicht in die Speichen kamen. Ihr seht, schon reden wir wieder nicht mehr über unser Alter, sondern über diese wunderbare Zeit, als unsere Kinder klein waren. Auch das Verdrängen will eben gelernt sein!

Apropos verdrängen: Wir haben uns doch sicherlich alle schon mal darüber gewundert, warum eigentlich die Polizisten permanent jünger werden und immer kleinere Mädchen schon Autofahren dürfen.

Wenn wir mal im Krankenhaus landen, sind wir erstaunt, was für junge Leute schon im weißen Kittel mit einem Stethoskop in der Brusttasche auf der Station herumlaufen.

Wir legen eine Grundskepsis an den Tag, wenn wir in einer Kanzlei einen Rechtsanwalt vorfinden, der noch ein Bübchen zu sein scheint und zweifeln – natürlich unausgesprochen – an seiner juristischen Kompetenz.

Dabei gibt es für unsere Wahrnehmung in diesen und vielen anderen, ähnlichen Fällen eine ganz einfache Erklärung...!

Ein weiteres, untrügliches Zeichen unseres Alters und gleichzeitig ein immer schwerer zu ignorierendes Phänomen sind auch diese zunehmenden, scheinbar völlig theoretischen Gespräche mit Freunden über eine Zeit, in der man vielleicht auf fremde Hilfe angewiesen sein könnte. Da fallen dann auch so Redewendungen wie: „Für den, der übrig bleibt". Das ist nun wirklich Theorie, weil es ja im Regelfalle nicht ein „Er" ist, der übrig bleibt, sondern eine „Sie". Ich denke, das ist auch gut so, weil wir Männer ja grundsätzlich im Alltag zu einer gewissen Hilflosigkeit neigen. Wir können zwar jedes politische Problem lösen und sind die geborenen Weltverbesserer, Nationaltrainer und Autoexperten, können aber meistens keine Hausratspolice richtig lesen, geschweige denn mit der Krankenversicherung abrechnen. Vom Kochen, dem korrekten Einräumen der Spülmaschine und dem Bedienen der Waschmaschine wollen wir besser gar nicht reden. Außerdem gibt es ja dafür, dass die Frauen in der Regel länger leben als wir Männer eine klare Begründung: Sie wurden ein Leben lang von uns Männern auf Händen getragen!

Aber zurück zum Thema: Was machen wir, wenn wir mal alt sind? Wir tun gerade so, als wenn wir es noch nicht wären, weil man eben im Herzen..., aber das sagte ich ja schon. Wir meinen mit „alt sein" die heute 80jährigen. Komisch, es waren auch schon mal die über 30, denen man nicht trauen sollte oder?! Also, wir unterhalten uns mit Freunden, wie wir das managen wollen, wenn uns das Haus zu groß wird, der Garten am besten nur noch aus grün angestrichenem Beton bestehen sollte und man zum Autofahren einen Chauffeur braucht. Die anderen Feinheiten, wie vielleicht nicht mehr richtig laufen können, vielleicht sogar bettlägerig werden, lassen wir noch für eine Weile weg. Man muss ja auch nichts überstürzen...

Nachdenklich bin ich allerdings geworden, als wir mit drei

Ehepaaren einen netten Abend verbrachten, bis die Frauen darüber sprachen, dass es am besten wäre, wenn sie später gemeinsam in dasselbe Haus ziehen würden! Der Begriff „später“ wurde nicht genauer definiert, aber uns reichte allein die Nennung dieses Wortes als Begründung für je zwei große Schnäpse, weil man ja bekannter Maßen - zumindest im Münsterland - auf einem Bein nicht stehen kann. Nach mehreren dieser Schnäpse übrigens auf zwei Beinen auch nicht mehr ganz sicher...!

Und damit wollen wir es erst einmal genug sein lassen und uns dem Thema zuwenden, wie aus Kindern Leute wurden. Ein bisschen habe ich ja schon davon erzählt, wie Kinder dabei helfen können, dass wir kapieren, wie alt wir schon sind, und dass es keinen Grund gibt, darüber traurig zu sein, ganz im Gegenteil!

Aber ich denke, das Thema sollte man noch etwas vertiefen.

Aus Kindern wurden Leute

Diejenigen, die nicht das Glück eigener Kinder haben oder so kurzsichtig waren, um das Wort „blöd“ zu vermeiden, ohne konkreten Grund willentlich darauf zu verzichten, können dieses Kapitel überschlagen, weil sie das Meiste nur schwer oder gar nicht nachempfinden können. Vielleicht haben sie aber auch im ersten Kapitel doch schon einiges über das Glück, Kinder zu haben, verstanden, dann können sie jetzt auch ruhig weiterlesen. Sie werden allerdings am Ende des Kapitels eher etwas traurig sein, auch wenn das nicht meine Absicht war.

Wir haben vier Kinder, mittlerweile zwei ganze Schwiegertöchter und eine noch nicht so ganz offizielle, dazu zwei Enkelkinder auf der Welt und ein drittes auf dem Weg dorthin. Kurz gesagt, wir sind eine große und glückliche Familie, wofür ich allen und nicht zuletzt dem Herrgott dankbar bin.

Mit den vier Kindern hatten wir immer ein volles Haus, und jeder von Euch weiß, dass eigene Kinder auch immer eine Menge Freunde haben, und das macht ein Haus dann noch voller, um im Bild zu bleiben. Die ersten beiden Kinder habe ich eigentlich erst richtig kapiert, als sie schon fast in die Schule gingen, weil der Beruf nicht die Zeit gelassen hat, die man sich für seine Familie gewünscht hätte. Auch das ist sicherlich etwas, das jeder von Euch genauso erlebt hat. Ich habe aber das Glück, dass wir sozusagen noch eine weitere „Serie“ aufgelegt haben, und die habe ich von Anfang an intensiv erlebt, nicht zuletzt, weil ich da kapiert hatte, dass es nichts Wichtigeres gibt.

Aber auch bei unseren beiden Großen wurde ich dann ein engagierter Vater, als sie alt genug dafür waren, all die Dinge zu machen, die ich mir von und mit meinem Vater gewünscht hätte.

Leider habe ich ihn nicht erlebt, weil er schon gestorben ist, als ich noch ein Baby war. Er ist nur 35 Jahre alt geworden.

Kein Wunder, dass ich es nicht als selbstverständlich empfinde, mich mit bald 62 Jahren – von einigen Macken abgesehen – noch nicht alt zu fühlen.

Das ändert aber nichts daran, dass schon viele Jahre vergangen sind, von denen ich keines missen möchte. Klar gab es Erlebnisse, die man nicht gebraucht hätte, aber unterm Strich gibt es nichts zu meckern.

Allerdings weiß ich nicht, wo die Zeit geblieben ist. War es nicht erst gestern, dass ich für die Jungens ein Baumhaus gebaut habe, und jetzt denken sie schon über eigene Häuser nach, die nicht auf den Bäumen sind...

War es nicht erst gestern, als man sich darüber aufgeregt hat, dass die Zimmer mal wieder aussahen, wie die möblierten Bombentrichter, oder wie der Bock – andere nennen ihn auch Trotz – in eine Blechkiste gesperrt wurde und doch immer wieder rauskam?

Erinnert Ihr Euch an diese blockierten Badezimmer und dauerbesetzten Telefone? Welche Kämpfe hat man ausgestanden wegen völlig unterschiedlicher Vorstellungen von Haartracht und Bekleidung. Und auf einmal suchte die Mutter eine Bluse, die sie dann bei der Tochter im Schrank fand. Wieso passen der auf einmal Mamis Klamotten? Gerade noch wurden schlechte Noten nach Hause gebracht, langweilte man sich auf endlosen Elternabenden, auf denen sehr bewusste Mütter in epischer Breite völlig persönliche Probleme mit dem eigenen Kind schilderten, und auf einmal saß man mit stolz geschwellter Brust – sagt man eigentlich bei Müttern „Brüsten“? - in der Aula des Gymnasiums bei der Ausgabe der Abiturzeugnisse.

War es nicht erst gestern, dass morgens früh ein Mensch aus

dem Zimmer des eigenen Kindes kam, der nicht dasselbe Geschlecht hatte und auch eindeutig nicht zur Familie gehörte, und dann feiert man auf einmal die Hochzeit des eigenen Kindes. Zwischen diesen Ereignissen müssen ja Jahre liegen; wieso hat man das nicht gemerkt?

Es kann doch noch nicht so lange her sein, dass man die Jungens zum Fußballtraining gebracht und sich als ganz persönlicher Trainer an der Seitenlinie die Lunge aus dem Hals geschrieen hat, und plötzlich hat dieser Junge einen anderen Lieblingsverein als sein Vater? Müssen denn nicht auch die Söhne Schalke-Fans sein?

Gerade noch hat man dem Kind unerlaubt auf einem Feldweg oder Parkplatz eine sehr persönliche Fahrstunde gegeben, und auf einmal steht das Auto nicht in der Garage, obwohl man es selbst dort reingefahren hat. Wenn Kinder schon einen Führerschein haben, wie alt sind denn dann die Eltern?

Wieso können die Kinder auf einmal schneller rennen und weiter springen als man selbst, verliert man auf einmal gegen die eigenen Blagen beim Tischtennis? Es ist doch noch nicht lange her, da kamen die mit ihren kurzen Armen gar nicht an die Bälle, die man direkt hinter dem Netz abtropfen ließ!

Jeder kann sich doch noch gut erinnern, wie man sich Rücken an Rücken gestellt hat, um siegessicher festzustellen, dass man noch immer der Längste war. Davon kann nicht mehr die Rede sein. Eine Zeit lang konnte man sich noch damit retten, dass man statt von Länge von Größe sprach, aber nach der ersten Niederlage im Schach hatte dieses Argument auch deutlich an Schlagkraft verloren.

Dramatisch wurde es dann mit der Einführung von Computern, E-Mail Booking und anderen Feinheiten. Da wurde der Lebenslehrer auf einmal zum Schüler und zwar mit der Tendenz: Immer öfter - und leider auch noch zu einem Schüler, dem das

Lernen und vor allem das Kapieren dieser Dinge immer schwerer fällt. Kann mir das irgendeiner von Euch erklären? Dass es am Alter liegt, halte ich für ziemlich unwahrscheinlich...?!

Wer erinnert sich nicht daran, wie das erste Kind aus dem Haus gegangen ist? Theoretisch fand man das ja zunächst durchaus gut, weil man diesen doch sehr unterschiedlichen Lebensrhythmus der Nachfolgegeneration nicht mehr ertragen musste. Ich meine dieses erst gegen 23:00 Uhr auf eine Fete Gehen, irgendwann in den Morgenstunden zurückkommen und dann dick und bräsig bis zum Mittag im Bett liegen. Wem ist das nicht auf den Geist gegangen?

Endlich musste man nachts, wenn man mal zum Klo ging, nicht mehr schnell an der Garderobe nachschauen, ob denn die Jacke des Sprösslings schon dort hing und sich auch nicht mehr über die hingekickten Schuhe ärgern, die natürlich wieder nicht aufgemacht waren.

Wie gesagt, anfangs sah man durchaus positive Aspekte, als es darum ging, dass das Kind außerhalb eine Bude haben wollte, obwohl diese ja in der Regel aus dem Familienbudget finanziert werden musste. Aber als es dann ernst wurde, sah die Sache schon etwas anders aus. Beim Helfen des Umzugs ging es noch irgendwie, weil man das rein sachlich betrachtete und ja mit Fahren und Schleppen auch gut beschäftigt war. Irgendwie liegen diese WGs nie in Parterre, sondern sind nur über verwinkelte, enge und in der Regel wenig anheimelnde Treppenhäuser zu erreichen.

So richtig ist der Groschen erst gefallen, als der Junior, etwas blass um die Nase, in der Haustür stand und sagte: „Also, ich geh dann mal." Tja, und dann war er oder auch sie eben weg. Meine Frau und ich haben uns erst mal hingesetzt und uns wahrscheinlich mit einem etwas blöden Grinsen angeschaut.

Zuerst hat man das Zimmer so gelassen, wie es war, aber als dann einige Möbel für die Studentenbude gebraucht wurden, hat man dieses Zimmer-Gerippe einer anderen Verwendung zugeführt. Jetzt hat man auf einmal das eigene Arbeitszimmer und/oder die lebenslange Ehefrau hat endlich ihr eigenes kleines Reich. Apropos „lebenslang": Das ist nicht zu verwechseln mit „lebenslänglich", und zwar nicht nur, weil man beim Urteil „lebenslänglich" in der Regel nach 15 Jahren wieder auf freiem Fuß ist!

Bei uns hat sich das Haus nach und nach immer weiter geleert, weil wir ja vier Kinder haben, die der Reihe nach flügge wurden. Es war allerdings nicht so, dass dieses Ausziehen für uns von Kind zu Kind leichter wurde. Einen Gewöhnungseffekt scheint es in diesem Zusammenhang nicht zu geben oder? Ganz im Gegenteil: Als unsere Tochter, als letztes unserer vier Kinder, die Freiheit suchte, da gab es im Kopf wieder einmal diesen berühmten „Alters-Klick". Wieso zieht die denn schon aus, sie ist doch noch ein halbes Kind? Dass dieses Kind mittlerweile auch schon 21 Jahre alt war, kam uns irgendwie gar nicht in den Sinn.

Doch auch da muss man durch, schließlich gehört man ja bei weitem noch nicht zum alten Eisen! Außerdem gilt festzustellen, dass der Auszug der erwachsenen Kinder weit besser zu ertragen ist, als wenn sich einer der Sprösslinge dazu entschieden hätte, sich auf Dauer im „Hotel Mama" einzuquartieren. Das kann nämlich nur in einem Nervenzusammenbruch enden, den im Regelfall nicht der Verursacher erleidet, sondern ein Elternteil.

Also, geschätzte Nachkriegsgeneration, bleiben wir positiv und gehen davon aus, dass alle Kinder, wenn sie erwachsen sind, auf eigenen Füßen stehen wollen.

Bei uns war und ist das so, und deshalb gibt es bei uns jetzt nicht nur ein Arbeitszimmer und ein Damenreich, sondern sogar ein separates Esszimmer und ein Familienzimmer, in dem die Doppelbetten nicht mehr für die Eltern sind. Auch das ist eine neue Erfahrung, über die man sich erst wundert, dann aber sehr schnell auch freut, weil es ja total schön ist, wenn die eigenen Blagen jetzt mit mehr oder weniger großem Anhang zu Besuch kommen.

Besuch von Kindern, das ist auch so ein Schlüsselerlebnis, das einem nur dann vergönnt ist, wenn man die Lebensmitte knapp überschritten hat.

Zuerst war das bestimmt auch bei Euch kein Problem. Wenn zu Hause die schmutzige Wäsche abgeliefert wurde, kam einem das nicht wie Besuch vor. Das Ganze bekam erst eine andere Dimension, als wir zum ersten Mal eines unserer Kinder in seiner WG besuchten. Als wir da so saßen in diesem engen, aber gemütlichen Zimmer und unser Sohn in der Gemeinschaftsküche einen Tee kochte, da registrierten wir auf einmal, dass wir zum ersten Mal auf Besuch bei unserem eigenen Kind waren. Ohne Gegenwehr musste ich im Kopf einen weiteren Klick hinnehmen. Doch auch an diese Besuche unserer Studenten gewöhnten wir uns relativ schnell, nicht zuletzt, weil sie alle in der Nähe studierten und deshalb noch häufig nach Hause kamen.

Der entscheidende Einschnitt war der Eintritt ins Berufsleben, weil der bei unseren Kindern mit dem Einzug in die erste eigene Wohnung verbunden war. Unser Kind hatte jetzt ein eigenes Zuhause, das nicht mehr sein Elternhaus war. Außerdem lebte es in diesem Zuhause nicht alleine, sondern mit einem anderen Menschen, der vielleicht auf dem Wege war, ein Familienmitglied zu werden. Das dachten wir jedenfalls, und bei unseren großen Kindern war das auch so. Nach einer längeren und von den Eltern gebilligten „Phase der Sünde“, legalisierten unsere ersten beiden Söhne dieses Zusammenleben. Ihre Mädchen waren nicht nur diese heute so bekannten „Lebensabschnittsgefährtinnen“, kurz auch „Labs“ genannt, sondern wurden und werden noch immer so geliebt, dass sie jetzt Ehefrauen und sogar schon Mütter sind.

Klick machte es dann wieder, als wir zum ersten Mal unsere „Ehepaar-Kinder“ in ihrer Wohnung besuchten. Jetzt waren wir Übernachtungsgäste bei den eigenen Kindern. Ein ganz neuer Status, der einem anfangs einen gewissen Schrecken einjagte, obwohl das bestimmt nichts mit dem Erkennen des eigenen Alters zu tun hatte...

Heute genießen wir diese Besuche, weil sie dann anfangen, wann wir es wollen und auch zu Ende gehen, wenn wir beschließen, wieder abzufahren, meistens mit leichten Kreuzschmerzen, weil man dieses Liegen auf irgendwelchen ausgezogenen Schlafstätten, meistens diesen berühmten Futon-Betten, nicht so gewohnt ist. Ich kann Euch diese Betrachtungsweise nur empfehlen!

Pension und Rente – was jetzt?

So, jetzt wird es langsam Zeit, im Zusammenhang mit diesem Phänomen des „Überraschungs-Alters“ nicht nur das eigene Umfeld zu betrachten, sondern auch sich selbst.

Dabei muss ich mich aus naheliegenden Gründen schwerpunktmäßig mit dem männlichen Geschlecht befassen, was aber nicht heißen soll, dass sich die holde Weiblichkeit nach einem erfüllten oder zumindest ausgefüllten Berufsleben nicht mit ähnlichen Problemen konfrontiert sieht, wenn auf einmal der Ruhestand und das Renten- oder Pensionsalter vor der Tür stehen.

Das kommt ja auch alles viel schneller als man es erahnt hat, obwohl gerade dieser Zustand ziemlich exakt vorherzusehen war, falls man nicht aus Krankheitsgründen oder wegen Personalabbau vorzeitig aufs Altenteil geschickt wurde.

Man sollte deshalb eigentlich meinen, dass nur Menschen, bei denen die Berufsunfähigkeit oder Arbeitslosigkeit ohne Vorwarnung eingetreten sind, mit dem Problem: „Und was jetzt?“ zu kämpfen hätten.

Weit gefehlt, auch diejenigen, die sozusagen geplant vor dem dritten Lebensabschnitt stehen, zeichnen sich nicht selten durch eine gewisse Fassungslosigkeit aus.

Kaum ist man in den Beruf eingestiegen und auf der Karriereleiter mehr oder weniger weit nach oben geklettert, stößt man schon an diese Decke, die aus Altersgründen eingezogen worden ist. Man kann sich noch ganz gut erinnern, wie man in den Arbeitsprozess eingestiegen ist und zum ersten Mal den Kolleginnen und Kollegen als der oder die Neue vorgestellt wurde und versteht deswegen nicht, wie man urplötzlich wieder vor Kolleginnen und Kollegen platziert wird, um aufs Altenteil befördert zu werden.

Fast wie im Trance hört man diesen Reden zu, die sich teilweise so anhören, als wenn es sich nicht um eine Verabschiedung, sondern um eine Beerdigung handeln würde. Zum ersten Mal im Leben erfährt man, was für ein Mordsmolli man gewesen sein muss. Auf der Gehaltsmitteilung hatte man das in dieser Dimension eigentlich nie wirklich feststellen können. Da werden Eigenschaften und Qualitäten aufgezählt, dass man zwischendurch fast ungläubig in die Runde schaut, ob in Wirklichkeit nicht jemand anders mit diesem Lobgesang gemeint ist.

Doch dann kommt auf einmal wieder dieser berühmte Klick, und man kapiert, dass es sich bei eben diesem Lobgesang um den eigenen Abgesang handelt.

Wenn man dann, nach einem letzten Blick auf den Arbeitsplatz, mit Geschenken beladen, von denen man nicht viele wirklich gebrauchen kann, ins Auto steigt, muss man erst einmal tief durchatmen. Nach ein paar Minuten geht es dann schon besser, und die Optimisten unter uns haben sich beim Umdrehen des Zündschlüssels schon diebisch auf das Gesicht der liebenden Ehefrau gefreut, wenn man ihr diese Abschieds-Zimmerlinde überreicht, für die der Balkon zu klein und ein eventueller Garten ungeeignet ist.

Zu Hause hat sich die Frau schon seit geraumer Zeit den Kopf zerbrochen, wie denn dieser Mann bloß beschäftigt werden soll, wenn er morgens nicht mehr zur Arbeit muss. Für einige ist das eine Horrorvision, die sich dann Gott sei Dank nicht bestätigt, zumindest nicht im vollen Umfang, für die weniger Glücklichen wird sie durch einen hyperaktiven Ehemann, der auf der Arbeit keinen Dampf mehr ablassen kann, spielend überboten. Ich könnte mir vorstellen, dass jede von Euch da ganz persönliche Erfahrungen gemacht hat. Deshalb will ich mich damit begnügen, von einigen besonders typischen Fällen zu erzählen. Ihr liebe Leserinnen könnt dann selbst entscheiden, ob der Ihre darunter ist.

Da gibt es den Ausnahmerentner oder –pensionär, der seinen dritten Lebensabschnitt tatsächlich langfristig geplant hat. In einem solchen Fall kann sich die Ehefrau grundsätzlich glücklich schätzen, allerdings mit der Einschränkung, dass gemeinsame Unternehmungen nicht viel öfter möglich sind als zu der Zeit, als der Mann noch offiziell berufstätig war.

Ich selbst bezeichne mich seit meinem Ausscheiden aus der Luftwaffe, in der ich dem Vaterland fast 40 Jahre - so treu es mir möglich war -, gedient habe, als Privatier. Ich arbeite noch, aber nur wann es mir passt und übernehme nach Gründung einer eigenen Firma nur Aufträge, die mir gefallen. Meine Frau und ich sind uns (meistens) einig, dass dies eine gute Lösung ist, die allerdings den Nachteil hat, dass ich die Spülmaschine noch immer nicht einräumen darf und die Waschmaschine nur mit Unterstützung durch meine Frau bedienen kann.

Eine andere Spezies des Ruheständlers entwickelt eine hektische Betriebsamkeit in Haus und Garten in der irrigen Annahme, jetzt alles zu erledigen, was immer schon gemacht werden sollte, aber jahrelang liegen geblieben ist. Dabei wird vom Betroffenen oft verkannt, dass sich viele dieser Dinge eigentlich schon von selbst erledigt hatten, was dazu führt, dass es zu völlig unsinnigen Aktionen kommt.

Da wird dann z.B. eine Garage nicht auf-, sondern eigentlich nur umgeräumt. Schlimm ist auch, wenn dieser nunmehr Berufslose anfängt, sich im Garten zu betätigen, um den er sich in seinem ganzen Leben nie gekümmert hat. Es werden auf einmal mitten im Sommer Büsche umgesetzt, die nie mehr wieder anwachsen oder der Rasen wird vertikutiert und anschließend in der prallen Sonne gewässert. Solche Aktionen erfordern von den Frauen eine geradezu biblische Selbstbeherrschung, besonders dann, wenn der anfängliche Eifer des Hausherrn mitten in seinem grandiosen Projekt plötzlich vollständig und auf Dauer erlahmt. Na, klingeln da vielleicht bei der einen oder anderen geneigten Leserin die Öhrchen?

Eine noch größere Herausforderung stellen die spät berufenen Hausmänner dar, die mit viel Schwung, aber ohne jegliche Ahnung den Haushalt erst einmal richtig durchorganisieren wollen, am liebsten mit einem Rahmendienstplan, der dann für den jeweiligen Wochentag, inklusive der festgelegten Uhrzeit, auf Dauer unverändert bleibt.

Da wird dann den Frauen – auf der Basis von 35 und mehr Jahren männlicher Berufserfahrung – klarzumachen versucht, warum es z.B. vernünftiger ist, am Dienstagmorgen zu waschen und dafür am Donnerstag einzukaufen oder im Küchenschrank die Teller auf die linke Seite und die Tassen und Untertassen auf die rechte zu stellen, weil das beim Herausnehmen ergometrische Vorteile hat. Im Wohnzimmer wird die Couch-Garnitur umgestellt, weil auf Grund des besseren natürlichen Lichteinfalles, vor allem in der Übergangszeit, täglich etwa 8-10 Minuten länger auf jede künstliche Beleuchtung verzichtet werden kann.

Am schlimmsten aber sind wohl die Unterbeschäftigten, die jetzt alles mitmachen wollen, also die Frau auf Schritt und Tritt begleiten und dabei ununterbrochen gute Ratschläge geben. Denen macht es auch nichts aus, dass ein Routineeinkauf jetzt zu einem Event wird, das leicht doppelt so viel Zeit in Anspruch nimmt wie früher. Außerdem kann sich die Frau beschützt fühlen, weil der Mann nicht mehr von ihrer Seite weicht. An Markttagen ist dieser männliche Eifer von einem ganz besonderen Charme, wenn die Frau z.B. 5 Pfund von der üblichen Kartoffelsorte kaufen möchte und der Mann sich vom Kartoffelbauern im Detail die Vor- und Nachteile aller im Angebot befindlichen Erdäpfel erklären lässt. Das kommt auch bei den anderen Marktkunden ganz besonders gut an!

Eine gute Bekannte meiner Frau hat erzählt, dass sie seit der Pensionierung ihres Mannes morgens jetzt eine Stunde früher aufsteht als ihr Göttergatte, damit sie überhaupt noch was geregelt kriegt. Das gemeinsame Frühstück, das zur Zeit der Berufstätigkeit ihres Mannes ein schöner gemeinsamer Tagesbeginn war, ist diesem weiblichen Rettungsversuch allerdings zum Opfer gefallen.

Ihr seht, so ein Ruhestand kann schon zu wirklich tragischen Entwicklungen führen.

Noch übler ist es allerdings, wenn die Männer nach dem Berufsausstieg jeglichen Schwung verlieren und zu Hause nur noch rumhängen, sich selbst bedauern und ständig im Wege stehen. Diesen männlichen Exemplaren müssen mit harter Hand klare Aufträge erteilt werden, die allerdings nicht zu schwierig sein dürfen. Lob und Tadel je nach Erledigung des Auftrages wird der Mann stolz oder zerknirscht zur Kenntnis nehmen, aber auf jeden Fall das Gefühl haben, dass er noch von jemandem beachtet und im weitesten Sinne auch gebraucht wird.

Mit Abstand am bequemsten ist es für die Frau, wenn sich der berufslose Ehemann für dieses berühmte „Studium im Alter“ entscheidet. Dann ist er regelmäßig von den Füssen. Es könnte allerdings sein, dass er im Kreise der Studenten sein Alter erfolgreich verdrängt. Im schlimmsten Fall wird ihm dabei von einer Studentin geholfen, und dann kommt er vielleicht später nach Hause als es der Dame des Hauses lieb sein kann.....!

Wir werden uns im Kapitel „Unterhaltung und Freizeitgestaltung" noch einmal intensiver mit der Thematik der Lebens- und vor allem der Alltagsgestaltung befassen.

Für den Moment soll es erst einmal genügen, damit Ihr Zeit habt, darüber nachzudenken, welchen Typ von Pensionär oder Rentner Ihr selbst zu Hause habt, und ob er in diesem Kapitel bereits beschrieben wurde oder einer vom Autor noch nicht erfassten, ganz besonderen und vor allem einmaligen Spezies angehört.

Jetzt wollen wir uns erst einmal damit beschäftigen herauszufinden, ob sich durch das Ende des offiziellen Arbeitsleben etwas in unserem persönlichen Umfeld geändert hat, ob es vielleicht einen neuen Speiseplan gibt oder ob wir neue Gewohnheiten an uns selbst feststellen, bzw. diese bei uns festgestellt werden!

Wohnen, Essen und Schlafen

Zunächst einmal muss man – die einen mit einem gewissen Zähneknirschen, andere mit einem „Na und- Grinsen“, je nach Naturell - zugeben, dass der Beginn dieser Berufslosigkeit doch in einem gewissen Zusammenhang mit einem etwas fortgeschrittenen Lebensalter zu stehen scheint. Die damit verbundenen Veränderungen sind nicht nur vom Betroffenen wahrzunehmen -und zwar ohne große Mühen - wenn er es denn zulässt, sondern auch von seinem Umfeld. Damit ist es also eigentlich sinnlos, dieses nicht zuzugeben.

Der Beginn dieses sogenannten dritten Lebensabschnittes ist eben nicht zu übersehen. Im übrigen ist auch diese Bezeichnung „dritter Lebensabschnitt“ ein weiterer Beweis dafür, dass man den Realitäten nicht gerne völlig ungeschminkt ins Auge sehen will, sonst würde man diese Phase des eigenen Lebens als das ansehen, was sie in Wirklichkeit ist, nämlich: Die letzte, die wir noch zur Verfügung haben, bevor der Gevatter auf den Plan tritt.

Weil sich das zu pessimistisch anhört, sprechen wir von uns selbst maximal als von den Älteren. Mit diesem Trick bleibt uns nämlich noch die Bezeichnung „Senioren“ erspart, bevor wir uns unserem Schicksal endgültig ergeben und uns eingestehen, dass wir „alte Säcke“ geworden sind; zumindest, was uns Männer angeht!

Wir können also feststellen, dass wir die Veränderungen, die auch von unserem Umfeld wahrgenommen werden, am besten zugeben.

Anders ist es mit den vielen Kleinigkeiten, die wir in unserem Alltag unter Ausschluss der Öffentlichkeit einem Anpassungsprozess unterziehen, um uns über die Macken des Alters hinwegzuhelfen.

Das fängt mit den Umbauarbeiten im Eigenheim an. Viele von uns lassen z.B. das Badezimmer renovieren, weil es „mal endlich Zeit wird", wie man so schön sagt. In Wirklichkeit geht es aber dabei in der Regel um ganz konkrete altersgerechte Veränderungen. Da wird eine neue Kloschüssel installiert, die interessanter Weise etwa 10cm höher ist als ihre Vorgängerin, und die Dusche erhält einen barrierefreien Zugang, weil es nun wirklich einfacher ist, sich zu duschen, ohne vorher eine Stufe zu überwinden. Komisch ist nur, dass wir uns darüber jahrzehntelang überhaupt keine Gedanken gemacht haben...! Es wird sogar geprüft, ob man nicht auf die Gästetoilette verzichten und zu einem Dusch-Bad im Erdgeschoss erweitern könnte. Stichwort: Die Wanne hat man ja eigentlich nie benutzt.

Auf einmal ist von einem Hausarbeitsraum die Rede, dessen Notwendigkeit früher immer abgestritten wurde. Dabei ist es doch wirklich praktischer, wenn Waschmaschine und Trockner nicht mehr im Keller stehen. Mit der Treppe hat das überhaupt nichts zu tun?!

Interessant ist auch zu beobachten, wie die Küche modernisiert wird, was man ja schon lange vorhatte, aber wozu man nie gekommen war. Auf einmal wird der Kühlschrank hochgesetzt, und der Backofen befindet sich plötzlich fast in Augenhöhe, sicherlich nicht, damit man diese Geräte besser sehen kann, obwohl auch dieses „Besser Sehen Können" zunehmend an Bedeutung gewinnt.

Im Obergeschoss werden einige Räume stillgelegt, und falls möglich befindet sich auf einmal das Schlafzimmer im Erdgeschoss.

Im Garten werden Bäume gefällt, die im Laufe der Jahre nun

wirklich zu groß geworden waren. Mit dem anfallenden Laub im Herbst und dem Beseitigen desselben steht diese Maßnahme in keinem kausalen Zusammenhang!

Darüber hinaus wird die Bepflanzung grundsätzlich leicht verändert; dabei fällt – natürlich nur leise und kaum vernehmbar – das Wort „pflegeleicht“. Immergrüne Gewächse haben einen klaren Sympathiezuwachs zu verzeichnen und ersetzen ihre Laub abwerfenden Schwestern und Brüder. Auch Anzahl und Bepflanzung der Blumenbeete werden bei dieser Umgestaltung des Gartens einer Überprüfung unterzogen; das Zauberwort heißt „Bodendecker“. Schließlich gibt es die ja auch in verschiedenen Farben, und außerdem schaffen sie neue Heimstätten für allerlei kleine Kriechtiere und Kleinstlebewesen. Dass dabei das Hacken der Beete und das Unkrautjäten entfällt, wird als Nebeneffekt? allerdings dankbar zur Kenntnis genommen.

Das Gewächshaus wird zum Aufbewahrungsort für die Gartenmöbel umfunktioniert; weil sich dieses Ziehen von Gemüse oder Balkonpflanzen nicht lohnt, wo man all diese Gewächse in Gartencentern, ja sogar in Baumärkten und bei Aldi und Lidl so preiswert kaufen kann. Es hat nichts damit zu tun, dass man die Gartenmöbel im Frühjahr und Herbst nicht mehr von Boden runter- und später wieder raufschleppen muss, bzw. in umgekehrter Reihenfolge, falls sie im Keller gelagert wurden.

Viele beginnen damit, den Vorgarten zu pflastern oder mit Kies zu gestalten, weil das ausgesprochen modisch und für die Hunde nicht so attraktiv ist. Ein verstorbener Freund bezeichnete diese Art von Vorgärten, die ja eigentlich gar keine Gärten mehr sind, als „Hundemausoleen“.

Manch einer musste bei einem solchen Designer-Vorhof seines Hauses oder Reihenhäuschens allerdings zur Kenntnis nehmen, dass dort zwar jetzt kein Unkraut mehr wächst und auch nicht mehr gehackt werden muss, sich dieser Kies durch kleine

Algen und Moose langsam aber sicher grün färbt, im weitesten Sinne also doch wieder ein Gärtchen wird, zumindest, was die Farbe angeht!

Eine typische, vom Lebensalter vielleicht nicht vollständig unabhängige Entwicklung ist auch das geheimnisvolle Verschwinden von Hecken, die über viele Jahrzehnte das eigene Grundstück geschmückt hatten.

Stattdessen sieht man jetzt verschiedenste Arten von Holzzäunen; ganz aktuell sogar mausgraue Metallvarianten. Man findet so eine Grundstücksbegrenzung einfach schöner, und es ist eher ein Zufall, dass dadurch das anstrengende Heckeschneiden entfällt.

Und so, wie sich Haus und Garten verändern, werden auch liebgewordene Essgewohnheiten aufgegeben. Das Fleisch wird magerer, Geflügelfleisch und –wurst beginnen die sonst so geschätzten Schweinereien vom Speisezettel zu verdrängen.

Auch beim Grillen tropft nicht mehr das Fett ins Feuer, weil das ja wirklich ekelhaft war. Außerdem hat man bei einem Test an 40.375 lebenden Ratten, die zwei Jahre ihres Lebens nur fettes Grillfleisch zu sich genommen hatten – wer immer das für sie auf den Grill gelegt haben mag -, festgestellt, dass 43 von ihnen an Alterskrebs verendet waren!

Heute muss man dafür beim Grillen auf dem Gas- oder Elektrogrill darauf achten, dass das Fleisch nicht so trocken wird, dass es sich nur noch zum Besohlen der Gesundheitssandalen eignet.

Die Zuckerdose hatte auf dem Frühstücks- und Kaffeetisch sowieso immer zu viel Platz gebraucht, so dass man sich über einen kleinen Süßstoffspender doch nur freuen kann. Außerdem ist Süßstoff viel praktischer, und man braucht –im Gegensatz zum Zucker- auch keine ruhige Hand mehr, um ihn mit dem Löffel unfallfrei in die Tasse zu füllen.

Mit leicht erhöhten Blutzucker oder sogar Altersdiabetes hat das natürlich ebenso wenig zu tun wie die fettärmere Ernährung möglicherweise mit einem Cholesterinspiegel, der dem Arzt nicht gefällt. Apropos „Cholesterin“: Wir sollten froh sein, dass die Medizin dieses Thema aufgegriffen hat. Früher hieß es doch dauernd: Du darfst nicht, und heute können wir auf den Lebensmitteln, die wir vorzugsweise einkaufen, lesen: Du darfst! Also, liebe Angehörige dieser Elite-Generation: Denkt positiv.

Alkoholfreies Bier und sehr trockene Weine, die beim Öffnen der Flasche fast schon stauben, sind natürlich überhaupt nicht auf den Rat des Hausarztes zurückzuführen, genauso wie der weitgehende Verzicht auf harte Getränke. Man hat eben im bisherigen Leben genug Schnaps getrunken, und jetzt ist die hochprozentige Phase einfach vorbei. Außerdem hat ja auch die Qualität dieser Getränke in den letzten Jahren erheblich nachgelassen.

Also, liebe Mitbegründer der Nachkriegsgeneration, lasst Euch bloß nicht einreden, dass die Veränderung der Ess- und Trinkgewohnheiten auch nur im entferntesten etwas mit unserem Alter zu tun hätte. Ganz im Gegenteil: Wir lieben eben die Abwechslung!!

„Abwechslung“ ist ein gutes Stichwort. Früher konnten wir pennen wo und wann auch immer und haben damit sicherlich wertvolle Zeit unseres Lebens verschlafen, obwohl wir früher nicht nur zu diesem Zweck ins Bett gegangen sind...!

Heute machen wir das deshalb anders. Wir schlafen vor dem Fernseher und liegen dafür wach im Bett. Nun erzählt mir bloß nicht, dass das keine echte Alternative wäre?! Manche von uns haben schon so viele Schäfchen gezählt, dass sie das als neue Berufsbezeichnung anmelden könnten!

Das Auswechseln der Betten konnte diese Entwicklung leider auch nicht stoppen. Unsere Schlafstätten sind höher geworden, und die Lattenroste müssen wir nicht mehr von Hand verstellen, weil wir uns pro Bett einen kleinen Motor geleistet haben. Jetzt könnten wir ganz gemütlich im Bett frühstücken; Zeit hätten wir ja auch. Aber wir sind eben noch von dem alten Spruch geprägt: Wer noch nie im Bette aß, weiß auch nicht, wie Krümel pieken!

Vielleicht haben wir uns diese motorisierten Lattenroste ja doch angeschafft für den Fall, dass der eine oder andere von uns einmal länger im Bett bleiben muss, als er eigentlich will. Könnte ja sein, oder?

Fast hätte ich die Entwicklung auf dem Matratzen-Sektor vergessen. Da hat sich ja bei vielen von uns auch eine Menge getan. Zwar haben die wenigsten von uns die Matratzen im Schaufenster getestet, wie wir es von diesem wunderbaren Sketch von Loriot in Erinnerung haben, aber wir haben doch ein ziemliches Sortiment ausprobiert. Während wir früher immer Wert darauf gelegt und auch unseren Kindern empfohlen haben, möglichst feste Matratzen zu nutzen, weil das gut für den Rücken wäre, haben wir mittlerweile feststellen müssen, dass unsere Knochen offensichtlich lange genug hart geruht haben. Jetzt sind Tempur-Matratzen angesagt, die unseren Körper wohlig versinken lassen.

Dem Nachteil, dass man darauf nicht so gut vögeln kann, haben wir lediglich eine altersgemäße Bedeutung beigemessen – aus welchem Grund auch immer!

Ich möchte das hier nicht vertiefen, weil dieses Büchlein ja der Unterhaltung auf hohem und unserer Generation angemessenem Niveau dienen soll.

Zum Schluss dieses Kapitels, liebe Vertreterinnen und Vertreter der Nachkriegsgeneration, noch ein Tipp von mir: Wenn Ihr trotz neuer Betten, Matratzen und federleichter Zudecken nicht mehr ganz so gut schlafen könnt wie in unserer kaum vergangenen Jugend, dann nehmt den Rat unserer Eltern: „Augen auf“ in Zukunft einfach weniger wörtlich!

Gesundheitsvorsorge und Behandlung von Krankheiten

Keiner von uns gibt es wirklich zu, dass unsere geänderten Ess- und Schlafgewohnheiten im weitesten Sinn doch mit unserer Gesundheit oder der Sorge um dieselbe zu tun haben, weil wir uns ja alle noch topfit fühlen bis auf die Zeiten, in denen wir von gewissen Unpässlichkeiten geplagt werden.

Leider haben eben diese bei manchem Angehörigen unserer Generation schon zum Tode geführt. Aber wir wollen ja in diesem Büchlein keine Trauerarbeit betreiben, sondern nur versuchen, der Realität etwas direkter ins Auge zu sehen.

Deshalb gilt das bereits erwähnte Motto: Wer 60 Jahre oder älter ist, morgens aufsteht, ohne dass ihm etwas weh tut, der ist ganz einfach tot.

Weil das ja keine wirkliche Alternative ist, müssen wir versuchen, uns mit unseren Zipperlein zu arrangieren und sie durch eine gute Vorsorge und Behandlung im Rahmen zu halten, damit nach Möglichkeit keine ernsthaften und vielleicht sogar lebensbeendenden Blessuren daraus werden. Um jeden unserer Generation, der diesen Erdenball verlässt ist, es nämlich schade.

Also, aufgepasst: Strebt nicht mehr unbedingt nach Höherem, weil das in unserem Alter der Himmel sein könnte.

Bei uns kann es im Regelfall nicht mehr darum gehen, unseren körperlichen Zustand zu verbessern, sondern wir müssen in erster Linie bestrebt sein, ihn einigermaßen zu erhalten, bzw. den Alterungsprozess – um das Wort Verfall zu vermeiden – aufzuhalten oder wenigstens zu verlangsamen.

Neben einem etwas ruhigeren Lebensstil hilft es sicherlich,

nur noch bei ganz besonderen, seltenen und außergewöhnlichen Gelegenheiten, wie abendlichen Doppelkopprunden, sonntäglichen Frühschoppen, Feiern von Geburtstagen, edelmetallhaltigen Ehejubiläen, freudigen Ereignissen in der Nachbarschaft, Geburt von Enkelkindern, Besuch von lieben alten Freunden, Klassentreffen, Wochenendfahrten oder Kurzurlauben fett zu essen, Schnaps zu trinken und zu rauchen.

Die Möglichkeiten von Vorsorgeuntersuchungen sollten wir konsequent nutzen. Da können wir Männer uns im Regelfall an unseren besseren Hälften orientieren. Auch wenn es per Definition, als Pendant zum Frauenarzt, den Begriff Männerarzt noch nicht gibt, sind sehr wohl Ärzte vorhanden, die sich um die vielfach heimlichen Leiden der Männer kümmern. Wer erst zum Urologen geht, wenn eben nichts mehr geht, oder besser gesagt, läuft, kann leicht am Ende der Dumme sein!

Beim Militär nannten wir diese Untersuchungen beim Urologen „kleine Hafenrundfahrt“; im Gegensatz zu der ebenso wichtigen Darmspiegelung, der „großen Hafenrundfahrt“.

Bevor es zu Ernst wird, schließlich ist dieses Buch ja kein Gesundheits-Ratgeber, schnell noch einen kleinen Witz, der in diesen Zusammenhang passt:

Treffen sich zwei Freunde nach Jahren wieder, und wie das so geht, kommt die Sprache auch schnell auf die kleinen Wehwehchen. Während der eine Freund, sein Problem nicht verheimlichen kann, weil er stottert, behauptet der andere zunächst, dass er überhaupt noch keine gesundheitlichen Macken habe. Auf Nachfrage gibt er dann zu: „ Ich habe Probleme mit der Prostata“. Der Freund hat keine Ahnung, was das ist und fragt: „ P-p-prostata, was ist d-das d-denn?“ und bekommt zur Antwort: „Ich pinkel so, wie Du sprichst!“

Entschuldigung, jetzt bin ich doch etwas abgeglitten. Worum ging es noch mal? Ach ja, um die Vorsorgeuntersuchung für Männer. Also, meine Herren, machen wir es den Damen nach! Ein rechtzeitiger Check ist in der Regel nicht lebensverkürzend!

Neben regelmäßigen Check-Ups sollten wir uns immer auf dem neusten Stand halten, was die medizinische Ersatzteillage angeht. Wir sollten uns nicht erst dann neue Hüften leisten, wenn wir nicht mehr richtig gehen können, sondern wenn es beim Skifahren und Tennisspielen weh tut.

Falls erforderlich, sollten wir auch die Kniegelenke auswechseln lassen, selbst auf die Gefahr hin, dass unsere Beine beim Sonnenbaden auf Mallorca oder in der Karibik nicht mehr ganz so sexy aussehen. Hier muss Zweckmäßigkeit vor Schönheit gehen!

Meine Frau musste sich kürzlich einer Knie-Operation unterziehen, ohne dass ein neues Gelenk erforderlich war. Bei ihr hat man die „Knorpelglatzen" geglättet. Bis dahin hatte ich geglaubt, „Glatze", das wäre ein Männer-Thema und bezöge sich auf die tragische Entwicklung des schwindenden Haupthaares. So lernt man dazu. Bei Frauen ist eben alles anders!

Apropos „Glatze": Das ist ja eigentlich kein gesundheitliches Problem, sondern ein Zeichen zunehmender Weisheit. Mein Onkel sagte immer: „ Wo der Verstand wächst, müssen die Haare weichen." Wahrscheinlich stimmt das aber nicht, sonst hätten doch viel mehr Frauen auch eine Glatze oder? Dieses Thema wird an anderer Stelle noch einmal ausführlich behandelt.

Lasst uns jetzt noch ein bisschen über Ersatzteile sprechen, die der Stabilisierung und Perfektionierung unserer Alabaster-Körper dienen.

Für zufriedenstellendes Tennis, wie für erfolgreiches Kartenspielen, ist ein gutes Auge unerlässlich; auch wegen der Karten der Mitspieler. Deshalb gibt es einen Trend zu neuen Linsen. Bei Star-Operationen sollten wir vom Alternativ-Angebot des Arztes Gebrauch machen, entweder in Zukunft wieder ohne Brille Autofahren zu können oder beim Lesen keine Brille mehr zu benötigen.

Wenn im Zusammenhang mit unserer Generation der Begriff „Star“ gebraucht wird, hat das eben nichts mehr mit exzellentem Aussehen oder beeindruckendem beruflichen Erfolg zu tun, sondern mit einem Defekt unserer Augen. So what: Grauer Panther mit grauem Star!

Aber nicht nur gut sehen ist wichtig, sondern auch gut aussehen, und dafür spielen die Zähne eine nicht unwesentliche Rolle. Viele von uns zeichnen sich ja von Natur bereits durch sehr individuelle Gebisse aus, weil es in unserer Kindheit und Jugend kaum Zahnkorrekturen gegeben hat.

So ist mein persönliches Markenzeichen z.B. eine große Lücke zwischen den Schneidezähnen. Sie eröffnet auf den verschiedensten Gebieten ganz überraschende Möglichkeiten. Ohne weiter ins Detail gehen zu wollen, möchte ich nur eine unverfängliche Option konkret nennen: Das Strippen von roten Johannesbeeren. Man kann diese kleinen Dolden, oder wie immer das heißt, einfach in den Mund stecken, hält den kleinen grünen Stängel mit Zeigefinger und Daumen fest, und zieht dann das Ganze durch die Zahnlücke nach außen. Die Beeren bleiben im Mund, und den Stil wirft man weg.

Aber davon wollte ich ja eigentlich gar nicht erzählen, sondern davon, dass gesunde Zähne wichtig sind für den Gesundheitszustand des ganzen Menschen.

Natürlich erscheint es auf den ersten Blick praktisch, Freunden einfach seine Zähne mitzugeben, wenn diese einen Termin beim Zahnarzt haben, aber neben diesem kleinen Vorteil scheinen doch die Nachteile zu überwiegen.

Wer hört schon gerne von seiner Liebsten oder dem besten Mann aller Zeiten den Spruch: „Liebling, Deine Zähne sind wie die Sterne, abends kommen sie raus."

Also, ist Vorsorge angesagt, und wenn es trotzdem zu Ausfällen im wahrsten Sinne des Wortes kommt, dann müssen Brücken gebaut oder Stifte für neue Zähne in den Kiefer geschraubt werden. Das alles lassen wir gern über uns ergehen, um möglichst so zu bleiben, wie ein guter Lippenstift, nämlich: Kussecht und kussfest!

Leider sind nicht alle Ersatzteile so einfach zu erhalten und auch einzubauen, wie Hüften oder Zähne, und nicht für alle, vom Alter natürlich völlig unabhängige, körperliche Veränderungen gibt es einen medizinischen Stopp. Manches muss einfach hingenommen werden und zwar am besten mit Humor.

Sicherlich haben viele von Euch früher – ich meine damit nicht kürzlich, sondern so vor etwa einem halben Jahrhundert – auf einem Schulausflug irgendeine Tropfsteinhöhle im Sauerland besucht. Bei uns war das die Atta-Höhle. Neben der Tatsache, dass man sich in diesem Halbdunkel auch mal ein bisschen an ein Mädchen drücken konnte, quasi so aus Versehen, lernten wir bei diesen Besuchen etwas über Stalagmiten und Stalaktiten. Stalagmiten wachsen von unten nach oben, stehen also, und Stalaktiten wachsen von den Decken der Tropfsteinhöhlen nach unten, hängen also.

Und sehr ähnlich ist es mit der Entwicklung bei den weiblichen Brüsten: Im Alter ähneln sie eben mehr den Stalaktiten – schreibt man übrigens nur mit einen „T" –, was ja nichts darüber aussagt, wie sie sich anfühlen!

In dem Zusammenhang fällt mit eine kleine Geschichte ein, die mir kürzlich eine Freundin erzählt hat. Sie war, wie in jeder Woche, für eine Nachmittag in einem Wellness-Bad, hing mit ihrer Freundin in der Sole, und sie guckten sich all diese Gestalten an, die ihren Körpern auch etwas Gutes tun wollten. Die meisten waren wohl in einem ähnlichen Alter bis auf eine junge Frau, die mit fast provozierend schönen Brüsten alle Blicke auf sich zog. Das veranlasste ihre Freundin mit einem Seufzer zu der wehmütigen Feststellung: „Ist das lange her!“

Bevor nun die Männer ein immer breiter werdendes Grinsen aufsetzen und scheinbar erfahren mit dem Kopf nicken, sei gesagt, dass sich diese Veränderung und Entwicklung bei den weiblichen sekundären Geschlechtsmerkmale bei der Zierde des Mannes in durchaus ähnlicher Weise ergeben kann. Im Alter scheinen die Gesetze der Schwerkraft irgendwie intensiver zu wirken...!

Aber auch an diese Tatsachen muss man mit Humor und Phantasie herangehen. Erinnern wir uns kurz an unsere sexuelle Entwicklung: Mit Doktor- und/oder Mutter- und Kindspielen sind die meisten von uns angefangen und haben sich dann über das Petting erfolgreich selbst aufgeklärt. Vielleicht ist der Weg zurück auch ein Tribut ans Alter, der dem einen mehr, dem anderen weniger abverlangt wird, der aber trotzdem Spaß machen kann, wenn man diese mittlere Entwicklungsstufe noch einmal genießt!

Die Zeiten ändern sich eben und wir uns mit ihnen, auch wenn wir das selbst nur sehr bedingt wahrhaben wollen.

Wie sagte mir kürzlich so trocken ein Freund? „Früher habe ich drei Stufen auf einmal genommen, jetzt sind es drei Pillen!“

Die äussere Schönheit, Kleidung und Frisuren

Viele Vorsorgemaßnahmen, die man ergreift, wenn man das 25ste Lebensjahr überschritten hat, dienen nicht nur der Gesundheit, sondern auch der Schönheit, bzw. dem, was wir davon noch gerettet haben.

Dazu gehören mit Sicherheit die mehr oder weniger umfangreichen Sanierungsmaßnahmen der Zähne mit dem Ziel, auch weiterhin abends nicht getrennt zu schlafen. Ich meine, wir im Bett und unsere Zähne im Glas.

Die Zahnpflege hat ja mittlerweile auch einen wirtschaftlichen Aspekt. Wenn diese Entwicklung mit dem Zuzahlen bei Zahnersatz so weiter geht, müssen sich alte Paare vielleicht bald ein Gebiss teilen. Bevor das passiert, sollte man allerdings Ess- und vor allem auch Trinkgewohnheiten gut aufeinander abstimmen.

Wenn es bei Männern um die äußere Schönheit geht, spielt die Haarpracht auf dem Kopf eine ganz besondere Rolle. Zunächst wird man durch leicht graue Schläfen ja angeblich für Frauen besonders interessant.

Wenn sich aber die Geheimratsecken zu zeigen beginnen, wird das als Alarmsignal verstanden. Zunächst versucht man es damit, die Haare nicht mehr nach hinten zu kämmen, sondern trägt sie gescheitelt zur Seite. Anfangs befindet sich dieser Scheitel seitlich oben auf dem Kopf, entweder links oder rechts, was übrigens mit dem Begriff Links- oder Rechtsträger nichts zu tun hat. Im Laufe der Zeit, bei manchen Männern schneller, bei anderen langsamer, beginnt der Scheitel seine unaufhaltsame Wanderung in Richtung Ohr.

Gleichzeitig werden die lichten Stellen immer größer, und man muss mit immer weniger Haaren immer mehr Kopf bedecken.

Der erste Künstler auf diesem Gebiet, an den ich mich erinnere, war Heinz Erhard, der am Ende seiner Tage nicht viel mehr als 3 Haare über seinen eiförmigen Charakterkopf gelegt hatte. Dabei war es interessant zu sehen, wie versucht wurde, die Lücke hinten auf dem Kopf mit Hilfe von nach oben gezogenen Nackenhaaren zu vertuschen. Man hätte fast den Eindruck gewinnen können, dass sich die Wurzeln dieser Haare nicht auf dem Kopf, sondern auf dem Rücken befunden haben. Weitere bekannte Haarkünstler, an die ich mich aus meiner Jugendzeit erinnere, waren Rainer Barzel und Professor Grzimek, der immer sehr darauf bedacht war, dass der Affe auf dem Studiotisch ihm nicht seine Frisur durcheinander brachte.

Haarkünstler aus der Gegenwart sind der Meteorologe Uwe Wesp und der Pastor und Journalist Peter Hahne, bei dem offensichtlich versucht wird, die letzten Haare auf dem Kopf festzukleben. Von hinten wird er in der Regel nicht mehr aufgenommen, weil das Drama dann nicht mehr zu vertuschen wäre. Der nächste Aspirant für eine optimale Nutzung weniger Haare scheint mir der ARD Nachrichtenmann Tom Buhrow zu sein.

Neben diesen „Haare über den Kopf Kämmern“ gibt es noch eine andere Variante nach der Methode: Vorne immer weniger und hinten immer mehr. Diesen Vertretern wächst praktisch die Stirn in Richtung Hinterkopf. Das ist ja grundsätzlich niemandem vorzuwerfen, aber warum muss diese Entwicklung noch dadurch betont werden, dass man die Haare, sozusagen auf dem Restkopf, besonders voll trägt? Das führt dann zu einer so genannten „Pommesmatte“, die besonders gepflegt wirkt, wenn sie auch noch fettig ist und auf dem Kragen aufliegt. Übrigens eine Frisur, die von Zuhältern besonders geschätzt wird, die dazu die obersten 3-4 Knöpfe ihres Oberhemds offen tragen, so dass man die schwere Goldkette gut sehen kann, die sich durch das geföhnte Brusthaar kringelt!

Aber es gibt natürlich nicht nur prominente Haarkünstler oder Zuhälter, sondern auch Menschen wie Du und ich, denen die schwindende Haarpracht Sorgen macht. Wenn es draußen bläst, müssen die immer mit dem Wind stehen, weil ihnen sonst die Haare wie eine zerfranste Gardine an einer Seite des Kopfes herunterhängen. Besonders schön sieht es auch aus, wenn diese „Volles Haar Vortäuscher" im Schwimmbad sind und auf Grund unglücklicher Umstände mit dem Kopf unter Wasser geraten. Wenn die dann auftauchen, sieht es aus, als hinge ihnen an einer Seite eine Matte grauer, abgestorbener Algen herunter. Wahrlich kein wirklich männlicher Anblick.

Als wenn der liebe Gott uns Männern die Hormone gegeben hätte, um die Haare wachsen zu lassen. So ein schlichter Geist ist der Herrgott sicherlich nicht!

Neben diesen „Volles Haar Vortäuschern" gibt es natürlich auch noch die Toupet-Träger. Wer sich ein gutes leisten kann und seine Liebste nicht dadurch erschreckt, dass er nachts ein andere Mensch ist, dem sei die gekaufte Haarpracht gegönnt. Wem aber das Geld für ein erstklassiges Modell fehlt oder wer zu geizig ist, entsprechend viel Kohle für ein gutes Toupet auszugeben, der sollte es besser lassen. Diese Sonderangebote erkennt man nämlich auf eine Entfernung von 10 Metern, und wenn dann die Farbe der im Nacken nachwachsenden eigenen Resthaare nicht mit der Fußmatte auf dem Kopf übereinstimmt, sieht es nicht nur lächerlich, sondern geradezu erbärmlich aus. Und wenn dann noch dieser selbstgestrickte Scheitel dazu kommt, ist das Bild des Jammers komplett.

Gott sei Dank sind kurze oder gar keine Haare in der aktuellen Mode durchaus in, so dass die Haarfetischisten unserer Generation eine Sorge weniger haben.

Ich lebe schon lange nach dem Motto: Ein richtiger Schädel braucht keine Haare! Einen Friseur habe ich seit Jahren nicht mehr gesehen. Meine Frau kümmert sich um die vergängliche Pracht auf meinem Kopf. Sie macht das prima, und ich spare eine Menge Zeit und Geld. Kürzlich habe ich einen Freund, der für seine Haare auch keine Bürste mehr braucht, gefragt, was so ein normaler Friseurbesuch heute kostet und erhielt die Antwort: „18 Euro, 9 fürs Schneiden und 9 Euro fürs Suchen". Von diesem Geld kaufe ich lieber eine Kiste Wasser für meine Frau und für mich einen Kasten „Jever".

Eine spezielle Entwicklung der Haarpracht und im Umgang mit derselben gibt es natürlich nicht nur bei den Männern, sondern auch beim weiblichen Geschlecht. In beiden Fällen, um das noch einmal zu betonen – man kann es ja gar nicht oft genug sagen – haben diese Veränderungen natürlich nichts mit dem Alter zu tun!

Während sich bei den Männern die Anzahl der Haare und die Farbe verändert, ist es bei den Damen in der Regel nur die Farbe. Der holden Weiblichkeit geht es schwerpunktmäßig darum, jeden Anflug von grauer oder sogar weißer Farbe auf dem Köpfchen zu verhindern. Dafür stehen den Coiffeuren die verschiedensten Farbtöpfe zur Verfügung, die mehr oder weniger professionell zur Anwendung gelangen. Ab einer bestimmten Altersklasse wird besonders gern Aubergine genommen, und diejenigen, die Bridge spielen und ihr Alter grundsätzlich angenommen haben, lehnen auch eine ganz leichte Violett-Tönung nicht ab.

Gegen solche farblichen Relativierungen der Haare ist eigentlich nichts einzuwenden. Kritisch wird es erst, wenn man oder besser gesagt Frau, nicht rechtzeitig nachfärben lässt und sich dann irgendwo auf dem wohlgeformten Haupt eine graue Furche zeigt. Das ist dann nicht nur komisch, sondern auch ein bisschen peinlich.

Schwer nachzuvollziehen sind allerdings auch diese bunten Haare, die neuerdings auch bei reiferen Damen das holde Köpfchen in die Nähe eines Regenbogen rücken. Vorne eine rosa Strähne, das sieht besonders edel aus. Wahrscheinlich wurden die betreffenden Damen von einer außerordentlich progressiven Friseuse dazu mit der klassischen Formulierung überredet. „Das ist doch mal was anderes“ – eine Redewendung, die auch in den Konfektionsabteilungen der Kaufhäusern zum bevorzugten Repertoire gehört.

Bei den weiblichen Vertreterinnen unserer Generation verändert sich aber nicht nur die Farbe des Haupthaares, sondern in vielen Fällen auch der Schnitt; aus meiner Sicht nicht immer zum Vorteil. Besonders häufig sieht man hier im Münsterland diesen praktischen Kurzhaarschnitt, der dazu führt, dass man von hinten nicht mehr zweifelsfrei erkennen kann, ob es sich bei der betreffenden Person um Männlein oder Weiblein handelt. Bei Regenwetter wird dann dieser Einheitsschnitt durch ein Plastikhäubchen mit weißen Punkten geschützt. Könnt Ihr Euch vorstellen, dass eine Frau zwischen 20 und 45 so etwas macht? Wohl eher nicht; ob dieses Phänomen des „behäubten“ Köpfchens vielleicht doch etwas mit dem Alter zu tun hat?

Auf jeden Fall macht es nicht jünger, und deshalb kann ich es nicht empfehlen!

Und damit bin ich bei einem anderen Thema, das behandelt werden sollte, nämlich dieser Versuch, durch eine nicht altersgemäße Kleidung „auf jung zu machen“. Haben wir doch gar nicht nötig, und trotzdem kommt es vor. Natürlich sollten die Frauen nicht wie unsere Omas mit Beginn der Wechseljahre auf das Wechseln ihrer Kleider verzichten. Ich meine- wie bereits schon ausgeführt- nur noch Schwarz zu tragen und bei besonderen Anlässen Dunkelblau mit kleinem weißen Kragen und natürlich immer ohne BH, damit die erwähnten Stalaktit(t)en noch besser zur Geltung kommen. Das ist das eine Extrem, das nicht zu uns passt, weil wir ja im Herzen immer jung bleiben. Aber genau so wenig passt es zu unseren Frauen, wenn sie alles daran setzen, sich nicht von ihren Töchtern zu unterscheiden. Das kommt eben auch nicht an. Wir sollten dazu stehen, dass wir die 25 knapp überschritten haben, und auch für unsere Altersklasse – oder sollte ich Jugendklasse sagen, weil heute ja niemand vom Alter spricht und falls doch, sind die Alten immer die Anderen – hält die Bekleidungsindustrie eine große Auswahl bereit.

Das gilt natürlich nicht nur für die Frauen, sondern auch für die Männer. Die Zeiten, in denen Männer ab 30 Hut und Anzug getragen haben, sind Gott sei Dank vorbei, aber ein Hawai-Hemd und eine Bermuda-Shorts unterhalb des Feinkostgewölbes (das ja teuer genug war...) und für die stoppeligen Säbelbeine, die in der Jugend sagenumwobene Tore geschossen haben, lange Socken in Sandalen, das muss eben auch nicht sein!

Die Zeiten mit Adoniskörpern, Astralleibern und Traummaßen 90-60-90 sind im Regelfall vorbei, und das sollten wir akzeptieren. Es gibt für keine Altersklasse Traumfiguren, sondern nur Figuren unserer Träume. Der eine ist dünn, der möchte etwas dicker sein, und beim anderen ist es umgekehrt. Ich kenne mehr positiv gestimmte und lebenslustige Kugelblitze beiderlei Geschlechts als dürre lebensbejahende Vertreter. Ein Röllchen hier, ein Röllchen da, wer weiß, wann und wofür wir diese Reserven noch brauchen!

Einer von meinen drei besten Freunden, der ein gewichtiges Erbe mit sich herumträgt, sagt immer: „Bei mir kommen jede Nacht die Heinzelmännchen in den Schlafzimmerschrank und nähen mir die Hosen enger, aber ich erwische sie nie.“

Körperpflege und Altersverhinderung

So, jetzt haben wir über Frisuren und Kleidung gesprochen, aber noch nicht über Creme, Tinkturen, Alterverhinderungspillen und andere Mittelchen, die uns die ewige Jugend und dauerhafte Schönheit versprechen. Und dazu gäbe es eine Menge zu sagen. Ich will mich auf einige Aspekte beschränken, weil dieses Büchlein ja auch die eigene Phantasie fordern und im Gespräch mit Freunden zu eigenen Ideen anregen soll.

Ich glaube, die Ära, in der sich die Damen morgens oder vor dem Ausgehen deutlich länger im Bad aufhielten, ist in vielen, vielleicht sogar in den meisten Fällen vorbei. Dieselbe Zeit, die die Damen benötigen, um ihre Haare seidig und luftig zu gestalten, so dass sie das Köpfchen umschmeicheln, benötigen die Herren der Schöpfung vielfach, um die kahlen Flächen auf ihren Schädeln zu verkleinern.

Männer benutzen vielleicht keine Anti-Falten Creme, weil sie behaupten, bei ihnen wäre das Profil, aber dafür erquicken sie ihre Haut mit Lotionen, die ihre Männlichkeit unterstreichen und lassen die Gesichter vom Rasierwasser küssen.

Mittel gegen trockene Haut werden durchaus geschlechtsübergreifend genutzt, weil auch die Männer das Austrocknen der Haut mit Hilfe ihres Bierkonsums nicht mehr verhindern können, obwohl sie es ja immer noch versuchen!

Die ganze Palette dieser Anti-Aging Programme steht beiden Geschlechtern zur Verfügung und wird- je nach Stärke des eigenen Glaubens – auch eifrig ge- und benutzt. Irgendwie klingen diese Programme so, als hätten die Hersteller der Produkte etwas gegen unsere Generation. Immerhin richtet sich dieses „Anti-Aging“, wenn man den Begriff wörtlich nimmt, gegen das Alter; o.k., wenn man kleinlich ist, müsste man sagen: Gegen das Altern. Aber was bedeutet schon ein „N“? Da halte ich es wie Carlson vom Dach bei Astrid Lindgren, der in solchen und ähnlichen Fällen zu sagen pflegt: „Das stört keinen großen Geist!“

Mir sind all diese „Anti-Produkte“ irgendwie suspekt. Ich bin wohl eher so ein „Pro-Typ“

Neben diesen Packungen, die man selbst auftragen kann, wie die immer gern genannte Gurken-Maske und umfangreichen Ganzkörper-Salbungen gibt es natürlich auch noch Wundermittel in flüssiger und Pillenform, die so gezielt geschluckt werden, dass sie genau an den Körperstellen ankommen, wo wir eigene Defizite definiert haben.

Mit Placebos hat das übrigens überhaupt nichts zu tun! Ob allerdings auch Zellulitis sozusagen von innen ausgebeult werden kann, entzieht sich meiner Kenntnis. Unbekannt ist mir auch, ob erschlaffende Hautpartien quasi von innen wieder strammgezogen werden können. Aber dafür gibt es wahrscheinlich Massagen, Fangopackungen und irgendwelche schwarzen Brühen, in die man getunkt wird.

Bei den Massagen wird ja mittlerweile eine ganze Palette angeboten, auf die unter dem Stichwort „Wellness-Urlaub“ noch detaillierter eingegangen wird.

Bei den üblichen Massagen, auf dem Bauch liegend und das Näschen in das dafür vorgesehene Löchlein gesteckt, kommt unter den liebkosenden Händen ja immer dieses „Wie Neu Geboren-Gefühl“ auf. Nur wenn man dann nach Hause kommt und in den Spiegel schaut, ist man eigentlich der Alte geblieben, ich meine natürlich, dass man noch genau so jung aussieht wie immer.

Es bleibt also festzuhalten, dass Körperpflege grundsätzlich wichtig ist und Sinn macht, nicht nur, aber auch dafür, dass man immer gut riecht. Männer sollten allerdings darauf achten, dass sie nicht duften. Dieses Privileg sollte Blumen und den Damen vorbehalten bleiben.

Körperpflege sollte nicht so zeitaufwendig werden, dass man die Hälfte des Tages im Bad verbringt, weil diese Zeit ja im Prinzip vom wirklichen Leben abgezogen werden muss.

Das ist wie mit dem Joggen. Jogger leben angeblich 2 Jahre länger als Menschen, die auf diese ziellose Rennerei verzichten, aber man sollte nicht vergessen, dass diese Lauf-Ideologen insgesamt mindestens vier Jahre in ihren Turnschuhen verbracht und damit in bezug auf das Leben verpasst haben. Und das will ja auch nicht jeder, aber dazu mehr im nächsten Kapitel.

Wichtig ist im Zusammenhang mit der sinnvollen Begrenzung der Körperpflege auch, dass man im Flugzeug ja mittlerweile Flüssigkeiten und Lotionen nur noch in 100 Milliliter Dosierungen im Handgepäck mitnehmen darf, und das bedeutet bei exzessiver Anwendung dieser Mittel im Alltag für den Körper einen erheblichen zusätzlichen Urlaubsstress, wenn er von Liter-Mengen auf einmal auf diese Mini-Dosierungen reduziert wird, falls der Koffer nicht ankommt.

Wenn man da nicht rechtzeitig vor dem Urlaub mit einer sanften Umstellung beginnt, besteht die Gefahr, dass die ausgetrocknete Haut bereits im Flugzeug reißt. Dieses Risiko tritt natürlich verstärkt bei den Menschen auf, die sich an irgendeiner Stelle des Körpers haben liften lassen. Da besteht ja sozusagen immer eine Grundspannung für die Haut, und wenn die nicht mehr durch Creme oder Lotion gemildert wird, macht es auf einmal „Pling“ und alle Menschen können sehen, wie es unter unserer Haut aussieht. Nur Pathologen können mit solchen Bildern wirklich umgehen...!

Fast hätte ich die Menschen vergessen, die durch Yoga oder andere Entspannungsübungen bei ihrer Haut quasi das Gegenteil bewirken wollen. Bestimmt ist auch da was dran, zumindest bei denen, die so was glauben, aber es muss eben immer im Rahmen bleiben.

Ich erinnere mich an einen Onkel, der sich regelmäßig für einige Minuten auf den Kopf stellte, um sich vollständig zu entspannen. Er machte das noch in seinem 70sten Lebensjahr, das allerdings tragischerweise auch sein letztes war.

Ob es zwischen den Kopfständen und seinem relativ frühen Dahinscheiden einen Kausalzusammenhang gegeben hat, konnte nicht abschließend geklärt werden, weil man auf eine Autopsie verzichtet hat.

Also, was ich uns allen sagen will ist: Pflegt Euch, aber nicht mit dem Ziel der Verjüngung oder des „Anti-Aging“, sondern, um auch weiterhin sagen zu können: Ich fühl mich wohl in meiner Haut!

Außerdem besteht wohl auch die Gefahr, dass unsere Haut durch übertriebenes Duschen, zu häufige Sauna-Besuche und „Wellness-Bad-Aufenthalte, extremes Eincremen und Massieren langsam aber sicher immer dünner wird.

Ich meine, dass uns ein langes Leben bewiesen hat: Wenn es darauf ankommt, hat man besser ein „dickes Fell“!

Urlaub

Regelmäßiger Urlaub ist sicherlich auch wichtig dafür, dass man länger jung bleibt, weil man in dieser Zeit tun und lassen kann, was man will – bisweilen mit der Einschränkung, wenn der Fremdenführer und das Programm es zulassen. Im Urlaub sollen der Alltagsstress abgebaut und die Batterien wieder aufgeladen werden. Wie Ihr gleich feststellen werdet, ist das in unserem Alter und der speziellen Lage, in der wir uns befinden, gar nicht mehr so einfach zu realisieren.

Hören wir uns doch einmal an, wie im Internet-Lexikon „Wikipedia“ der Begriff „Urlaub“ definiert wird:

„Urlaub ist die Zeit, die der Arbeitnehmer von seinem Arbeitsplatz mit der Genehmigung des Arbeitgebers fernbleiben kann. Dabei gibt es bezahlten oder unbezahlten Urlaub. Er soll der Erholung dienen.“

In Kenntnis dieser Definition ist es eigentlich erstaunlich, dass wir, die wir, bis auf einige bewundernswerte Ausnahmen, unsere mehr oder weniger verdiente Rente oder Pension genießen, überhaupt noch von Urlaub sprechen, geschweige denn, einen solchen verbringen können.

Wir befinden uns doch jetzt ständig im Urlaub, wenn man einmal davon absieht, dass sich die s.g. Hausfrauenpflichten nicht geändert haben, sondern in vielen Fällen lediglich eine Neuaufteilung stattgefunden hat.

Der Begriff „Hausmannspflichten“ gewinnt übrigens in diesem Zusammenhang für männliche Rentner und Pensionäre zunehmend an Bedeutung.

Wenn also überhaupt noch eine gewisse Berechtigung vorhanden sein sollte, den Begriff „Urlaub“ zu verwenden, dann bei uns Männern, wenn wir mit Genehmigung unserer

Frauen oder Lebenspartnerinnen vom Arbeitsplatz fernbleiben dürfen.

Doch wie meistens im Leben, setzen sich theoretische Ansätze nicht durch, sondern die Praxis und auch Gewohnheit bestimmen den Lauf der Dinge. Urlaub gehört einfach zum Leben, und das hört ja mit dem Ende der regulären Berufstätigkeit Gott sei Dank nicht automatisch auf. Im Unterschied zu früheren Lebensphasen, also zu den Zeiten, in denen wir noch jünger waren, – um die Formulierung: Als wir noch nicht so alt waren, zu vermeiden – gönnen wir uns jetzt nicht nur 1-2 Urlaube pro Jahr, sondern so viele, wie wir Lust und Zeit haben.

Und da genau beginnt nämlich das Problem: Wir haben gar keine Zeit und können uns nicht erklären, wie wir früher all unsere heutigen Aktivitäten und Verpflichtungen neben unserer regelmäßigen Arbeit überhaupt geschafft haben. Man könnte fast meinen, ein Tag hätte früher mindestens 30 Stunden gehabt. Unsere Kindern wundern sich darüber am meisten, dass ihre Eltern so viel um die Ohren haben, weil sie nicht wissen, was wir alles nachholen müssen.

Wenn wir uns also trotz des ständigen Zeitdrucks einmal einen Urlaub gönnen, dann nur, um unsere Gesundheit zu erhalten, den Körper zu pflegen und so zu verhindern, dass man dem eigenen Nachwuchs zur Last fällt.

Dabei kann so ein verdienter Urlaub durchaus auch ein 3-monatiges Überwintern in südlichen Gefilden umfassen. Das ist aber eher die Ausnahme, nicht zuletzt, weil der Abstand zwischen zwei Arztterminen nicht so lang sein darf, aber das ist ein anderes Thema und gehört nun wirklich nicht hierher. Das hört sich ja fast wie Jammern an, und das liegt uns nun mal überhaupt nicht.

Im Regelfall fährt man eher zwei als drei Wochen in den Urlaub, was bei den üblichen Reisen in der Hauptsache folgende Gründe hat:

Meistens umfassen die günstigen Pauschalangebote nur einen Zeitraum von 1-2 Wochen.

Ein Garten, um den sich im Sommer mehr als zwei Wochen niemand gekümmert hat, ist nur mit einem nicht mehr altersgerechten Aufwand wieder in den Griff zu kriegen.

Das eigene Bett nimmt es uns übel, wenn wir es länger als 14 Tage allein lassen; unser Rücken würde diese einfachen Lagerstätten, auf die man im Urlaub häufig angewiesen ist, ja unbeschränkte Zeiten aushalten!

„All inclusive Angebote" umfassen in der Regel neben Bier und Wein hauptsächlich einheimische alkoholische Getränke, und die möchte man der lokalen Bevölkerung ja nicht völlig wegtrinken. Mit der Leistungsfähigkeit unserer Leber hat das genau so wenig zu tun wie mit der Meinung unserer Frauen, dass wir mit dem Alkoholgenuss vielleicht langsam etwas zurückhaltender werden sollten. Die mehrgängigen Menüs machen uns bei all dem Hunger in der Welt spätestens nach 14 Tagen Gewissensbisse, weil wir alle eine ganz starke soziale Ader haben. Vom Magen her könnten wir diese ausländische Kost ständig essen, und Gewichtsprobleme haben wir sowieso nicht. Das Einzige, was vorkommen kann, ist, dass der oder auch die eine oder andere von uns für sein bzw. ihr Gewicht am Ende eines solchen Urlaubs nicht mehr groß genug ist. Aber das kann man ja höchstens unseren Eltern vorwerfen.

Man kann pro Person nur einen Koffer von 20 kg mitnehmen, und das reicht eben nur für maximal 14 Tage; man will ja auch immer proper angezogen sein.

Last but not least nehmen unsere Enkelkinder auf die Länge unseres Urlaubs Einfluss, weil die nicht länger als 14 Tage ohne Omi und Opa sein wollen. Diejenigen, die behaupten, das sei umgekehrt, haben keine Ahnung, oder?

Bei speziellen Urlauben gibt es natürlich noch andere Gründe, warum wir sie zeitlich auf 1-2 Wochen begrenzen.

Bei Wanderurlauben z.B. vergeht in der Regel nicht nur dem Müller nach spätestens 14 Tagen die Lust. Unsere Füße sind es nämlich nicht mehr gewohnt, unsere Astralkörper 8 und mehr Stunden am Tag durchgehend – vielleicht passt „durchwandernd" besser - zu tragen. Und wenn man jeden zweiten Tag in der freien Natur so richtig nass geworden ist, besteht die Gefahr, dass unsere Haut undichte Stellen bekommt, besonders bei denen, die nicht mehr über das bereits erwähnte „dicke Fell" verfügen. Auch der Gesprächstoff geht spätestens nach gut einer Woche aus, und wenn man mehrere Tage 24 Stunden lang mit denselben Leuten zusammen war, dann möchte man auch einmal Mund und Ohren entspannen.

Wenn man sich für einen Wellness -Urlaub entschieden hat, bestimmen trotz unserer grundsätzlichen finanziellen Unabhängigkeit die monetären Reserven die Länge unseres Aufenthaltes in diesen Etablissements für die Schönen und die Reichen. Hinzu kommt, dass der Reiz, Frau und Herrn Schmitz, mit denen man zusammen am Tisch sitzt, unbekleidet zu sehen, schnell nachlässt. Bei vielen Menschen fallen nämlich beim Ausziehen nicht nur die Hüllen...

Auch diese Matsche in verschiedenen Farben, mit denen man sich paarweise, in kleinen Nischen sitzend, die eigenen Körper beschmiert, beeindruckt nur am Anfang und zwar dadurch, dass man erwachsene Menschen überhaupt dazu bringen kann, diese lehmartigen Substanzen auf ihren Körpern zu verteilen. Kindern sollte man das viel eher erlauben, besonders Enkelkindern!

Das Programm, um ewige Jugend zu ermöglichen, ist phantasievoll, aber auch ein bisschen irritierend. Das reicht vom Cleopatra-Bad mit Ziegenmilch – eine Biervariante ist nicht im

Angebot – bis zur Silence-Aroma-Massage. Es gibt Farblichtbehandlungen und Wabern auf dem Hydrojet, Tuina-Massagen und natürlich jede Form von „Anti-Aging-Behandlungen".

Da stellt sich mir die Frage, warum heute auch immer mehr junge Leute so einen Wellness-Urlaub oder wenigstens ein Wellness-Wochenende buchen. Wollen die vielleicht gar nicht alt werden? Vielleicht sollte man mal mit ihnen darüber sprechen.

Das Gegenteil von Wellness- Urlauben sind Busreisen, im Extremfall solche, bei denen man eine Heizdecke oder eine Mitropa-Kaffeemaschine als Bonus geschenkt bekommt. Ein Grund dafür, dass diese Reisen so anstrengend sind, liegt darin, dass es ab einer bestimmten Altersklasse deutlich mehr Frauen als Männer gibt. Ich habe keine Ahnung, warum das so ist, aber Experten sagen, Frauen leben länger, und das liegt meiner Meinung nach daran, dass wir Männer sie ein Leben lang auf Händen tragen – aber das sagte ich ja schon.

Wie auch immer, es gibt erheblich mehr Frauen auf solchen Reisen. Und was in der Jugend vielleicht ein Genuss war, nämlich Hahn im Korb zu sein, wird für einen lebenserfahrenen Hahn im Kreise ältlicher Hennen schnell zur Belastung.

Wir erinnern uns an den Silvester-Klassiker „Dinner for One", als der Butler zum Schluss sagte „I will do my very best, Mrs. Sophie!"

Belastend, und zwar geschlechtsübergreifend, im Gegensatz zum Frauenüberschuss, sind auf diesen Reisen die nicht so großzügig ausgelegten Sanitärbereiche in den Bussen. Wer einmal, aus Verzweifelung und/oder wegen einer leichten Blasenschwäche, auf so einem schwappendem, bereits gut gefüllten verkleideten Eimer gesessen hat, weiß, wovon ich spreche.

Warum also nehmen immer mehr Angehörige unserer Generation an solchen Reisen teil? Könnte es vielleicht (auch) daran liegen, dass manche von uns nicht mehr gern lange Strecken im eigenen Auto fahren? Kann ich mir eigentlich nicht vorstellen, vor allem deswegen nicht, weil ja immer mehr von uns jetzt diese Autos mit der Sitzerhöhung fahren. Im Englischen heißen die, glaube ich, „Vans". Früher kannte man „Vamps" oder träumte zumindest von diesen, aber das gehört jetzt hier nicht hin.

Eine ganz besondere Form des Urlaubs, den man in jungen Jahren eher nicht gekannt hat, ist das „Heilfasten". Da geht man für 1 Woche oder 10 Tage in ein Kloster und isst ganz einfach nichts. Freunde von uns, die das schon mehrfach gemacht haben, behaupten, dass man schon nach 1 Tag eigentlich gar keinen richtigen Hunger mehr hätte. Ich habe zwar eine ausgeprägte Phantasie, aber das kann ich mir nicht vorstellen. So ein Heilfasten findet meistens in einem stillgelegten oder nur noch schwach besetzten Kloster statt, so dass die Wahrscheinlichkeit, dass man auf Nonnen, Patres oder Brüder trifft, nicht sonderlich groß ist.

Da die Kirche diese Einrichtungen unterhalten muss, ist so ein Heilfasten nicht ganz billig und darf auch nicht durch einen Griff in den Klingelbeutel finanziert werden. Auch für die Kirchensteuer-Zahler unter uns gibt es keinen Zuschuss.

Eine ähnliche Wirkung wie durch das Heilfasten kann man übrigens wesentlich kostengünstiger auch durch regelmäßigen und reichhaltigen Genuss von Sauerkrautsaft erreichen. Dabei sollte man aber wegen des Geruchs unbedingt Abstand zum Nachbarn bzw. Partner halten und immer eine Toilette in unmittelbarer Nähe haben

Die eigenartigste Form des Urlaubs von Menschen, die wie wir schon länger auf der Welt sind, ist die Schrotkur. Sie hat mit Schießen oder Jägerlatein nichts zu tun. Man braucht zur Durchführung einer solchen Kur auch keine besondere Ausrüstung, sondern nur ein Eigengewicht, das einem nicht mehr gefällt.

Auf so einer Schrotkur gibt es wenig bis gar nichts zu essen und außer Wasser vor allem sehr trockenen Wein zu trinken. Der ist so trocken, dass man ihn fast mit Messer und Gabel zu sich nehmen kann und gar kein Glas mehr benötigt.

Diese Kuren finden in der Regel in einem sehr gehobenen Ambiente statt. Deshalb muss man über eine umfangreiche Garderobe verfügen, weil der trockene Wein mittags in einer anderen Kleidung genossen wird als abends. Außerdem ist es wichtig, dass die Damen über schweren Goldschmuck und Ringe mit großen Steinen verfügen. Die Haare sollten entweder „ewigblond" oder dezent violett getönt sein. Die Herren tragen häufig Trachtenanzüge oder andere Oberbekleidung in Loden. Sie haben bisweilen ein deutlich geringeres Gewicht als ihre Partnerinnen und laufen deshalb Gefahr, nach einer solchen Schrotkur annähernd skelettiert zu sein.

Wer weder über einen Mercedes, BMW, Audi oder ein anderes Fahrzeug der gehobenen Klasse verfügt, sollte zu diesen Kuren mit der Bahn anreisen, damit sein Image nicht schon bei der Ankunft Schaden nimmt.

Jungen Leuten scheint die Teilnahme an Schrotkuren nicht erlaubt zu sein, sonst würde man sie doch in diesen Nobelherbergen antreffen- oder nicht?

Zwar sieht man unsere Generation auch noch auf Fahrradtouren, aber im Gegensatz zu früher sind nicht mehr Jugendherbergen das Etappenziel, sondern gute Hotels, die sich nicht selten auf diese ganz besonderen Fahrradwanderer spezialisiert haben.

Das merkt man – neben dem Preis – auch daran, dass allein schon durch das Abendessen sichergestellt wird, dass es unter dem Strich zu keinerlei Kalorienverlusten kommt.

Aber, wo kämen wir denn hin, wenn wir uns in diesem Kapitel nur mit Urlaubsarten beschäftigen würden, die ja schon fast den Schluss aufdrängen, dass für uns nur noch ganz bestimmte Angebote in Frage kämen, sozusagen die Senioren-Variante des Urlaubs. Weit gefehlt; davon kann gar nicht die Rede sein.

Wir sind eigentlich die einzige Altersklasse, die uneingeschränkt in der Lage ist, „Last Minute-Urlaube“ zu buchen. Wir müssen niemanden mehr fragen, uns um keine Urlaubsvertretung mehr kümmern, und auf die Schulferien sind wir schon lange nicht mehr angewiesen.

Also sollte die Devise lauten: Nutzt diese neue Freiheit, bevor sie durch andere Widrigkeiten, die durchaus altersbedingt sein könnten, wieder eingeschränkt wird. Habt Mut zu Kurz-Trips in die Hauptstädte Europas, auch wenn Ihr die Landessprache nicht sprecht. Ihr dürft Euch nur nicht darüber wundern, so wie kürzlich ein guter Bekannter, der sich darüber mokierte, dass man in Barcelona nur Spanisch gesprochen habe.

Es gibt erstklassige Reiseführer in Form von kleinen Büchlein, mit deren Hilfe, kombiniert mit den Resten unseres Schul-englisch oder- französisch, man auch ohne einen Fremdenführer prima zurechtkommt. Und noch ein Tipp: Nach 1 oder 2 Gläsern Wein spricht man praktisch jede Fremdsprache, wenn man sich nur traut. Und zur Unterstützung hat uns der liebe Gott ja noch Hände und Füße gegeben!

Auch diejenigen von uns, die mit kleineren körperlichen Macken zu kämpfen haben, sollten sich in ihrer Reiselust nicht bremsen lassen. Auch im Ausland weiß man, dass nicht alle Menschen wie die Rehlein springen können. Man muss ja nicht unbedingt ins tiefste Afrika fahren oder eine Expedition in den Dschungel oder zum Nordpol machen. Wir müssen uns nämlich Gott sei Dank nichts mehr beweisen.

Um alle diese herrlichen Angebote von Reisen in ferne Länder nutzen zu können, ist es von unschätzbarem Wert, sich im Internet ein bisschen auszukennen. Traut Euch auch das und lasst Euch von Euren Kindern oder Enkeln dabei helfen, sozusagen als Dankeschön dafür, dass Ihr jahrelang deren Schularbeiten kontrolliert und manchmal sogar gemacht habt.

Nur wenn wir dann im Urlaub sind und uns die warme Sonne des Südens auf unsere makellosen Bäuche scheinen lassen, dann sollten wir die Tatsache, dass wir mit weniger Schlaf auskommen, nicht dazu nutzen, schon morgens um 06:00 Uhr unsere Handtücher auf die Liegen zu legen, die wir dann so gegen 11:00 Uhr oder an manchen Tagen auch gar nicht nutzen. Das setzt die jüngeren Mitreisenden unter völlig unnötigen Druck und ist deshalb einfach nicht fair!

Wir sollten als Männer darauf verzichten, einen Tanga zu tragen, und auch für die Damen sind knappe Bikinis vielleicht nicht mehr die optimale Badebekleidung. Das soll weiß Gott nicht heißen, dass wir Badehosen tragen sollten, die bis unter die Achseln reichen oder Badeanzüge, die einem farbigen Kartoffelsack ähneln.

Das Baden und Sonnen „oben ohne“ ist in unserem Alter, neben dem ästhetischen Aspekt, auch deshalb nicht zu empfehlen, weil wir, wegen unserer, von einem langen Leben gestalteten Leiber, nur dann noch am ganzen Körper bebräunt werden, wenn wir ganz bestimmte Liegetechniken anwenden; Einzelheiten möchte ich uns ersparen....!

Stil ist angesagt, und auch den können wir uns leisten. Wenn nicht wir, wer dann, auch und gerade im Urlaub!

Zusammenfassend kann man feststellen, dass sich unser Urlaubsverhalten im Laufe der Jahre sehr dezent verändert hat, was vielleicht, unter Umständen, eventuell, möglicherweise auch etwas mit unserer späten Jugend zu tun haben könnte....

Unterhaltung und Freizeitgestaltung

So wie in unseren Urlaubsgewohnheiten einige marginale Veränderungen, aber auch ganz neue Optionen erkennbar sind, ist es auch auf dem Gebiet der Unterhaltung und Freizeitgestaltung der Fall.

Zunächst einmal muss klar sein, dass Unterhaltung auch Freizeitgestaltung sein kann und umgekehrt. Es ist aber trotzdem nicht ganz dasselbe.

Zum Beispiel ist es für manche von uns, die sich noch mit ihrer Schwiegermutter unterhalten können, nicht unbedingt automatisch auch eine Art ihrer Freizeitgestaltung.

Aber mit solchen Feinheiten wollen wir uns nicht aufhalten, wir Angehörigen einer Generation, die sich durch Großzügigkeit, Weltoffenheit und Toleranz gleichermaßen auszeichnet.

Zurück zum Thema: Unterhaltung ist ja nicht nur das Gespräch, sondern auch alles, wodurch wir uns unterhalten lassen. Da ist natürlich zu allererst das Fernsehen zu nennen. Warum gibt es eigentlich an den Wochenenden so viel Volksmusik im öffentlich rechtlichen Fernsehen? Ich denke, dass das mit dem Interesse der Zuschauer zusammenhängt und daraus resultierend natürlich mit den Quoten. Und wenn man dann mal reinschaut und sich an den Studiogästen dieser Sendungen erfreut, wird schnell deutlich, dass sie eines mit den Menschen auf der anderen Seite des Bildschirms gemeinsam haben: Sie sind nicht mehr die Jüngsten, vielleicht sogar mit Mehrheit aus unserer Generation.

Wie lange ist das eigentlich her, dass wir genau über diese Leute gelästert haben, die sich zur Volksmusik vor den Fernseher gesetzt haben?

Natürlich stehen auch Kultursendungen in unserer Programmliste, und Nachrichtensendungen dürfen auf gar keinen Fall fehlen.

Für mich sind auch Zeitungen wichtig und zwar die Heimatzeitung genauso wie ein überregionales Blatt, und im Gegensatz zu früher habe ich jetzt die Zeit und Muße, beide in Ruhe zu lesen. Ich denke, das geht vielen von Euch so, dass die Tasse Kaffee am Morgen und die Heimatzeitung sozusagen eine Symbiose bilden. Das ist Genuss für Körper und Sinne, vor allem dann, wenn dieses Zeremoniell im Sommer auf dem Balkon oder der Terrasse stattfindet. Ein Tag, der so anfängt, kann eigentlich nur noch gut werden.

Nicht selten passiert es, dass es über dem Studieren der Neuigkeiten 10:00 Uhr wird, und dann wird es schon knapp mit dem Erledigen der Hausfrauen- und Hausmannspflichten. Nur gut, dass ja mittags nicht mehr unbedingt gekocht werden muss. Herrliche Zeiten, wenn ein spätes Frühstück nicht nur am Wochenende möglich ist.

Genauso ist es mit dem Kartenspielen bei Freunden. Früher konnte man einen zünftigen Doppelkopp nur am Freitag- oder Samstagabend kloppen. Jetzt ist es auch mitten in der Woche möglich. Wenn wir mal wieder am Dienstagabend Karten gespielt haben und Mittwochmorgens um 10:00 Uhr gemütlich am Frühstückstisch sitzen, stellt mein Freund immer wieder mit großer Genugtuung fest: „ Das haben wir uns in einem langen Arbeitsleben redlich verdient, und deswegen geschieht es den Bürgerlichen ganz recht, dass sie jetzt schon alle am Arbeitsplatz geknechtet werden.“ Stimmt Ihr mir zu, dass das ein wunderbares Gefühl ist?

Herrlich ist es auch, sich einfach auf den Balkon oder in den Garten zu setzen, den Vögeln zuzuhören und über die Verbesserung der Welt nachzudenken. Wer kann sich diesen Luxus außer uns denn leisten? Politikern würde es ganz bestimmt gut tun, wenn sie dieses Nachdenken nicht als einen für sie unerreichbaren Luxus, sondern als zwingende Notwendigkeit einstufen würden.

Was hätten wohl unsere Vorgesetzten gesagt, wenn sie uns, nichts Erkennbares tuend, am Schreibtisch angetroffen hätten und auf ihre Frage: „Was machen Sie denn da?" zur Antwort bekommen hätten: „Ich denke."?

Das bringt mich noch einmal zurück zum Lesen. Neben der täglichen Zeitungslektüre schafft die Berufslosigkeit natürlich die besten Voraussetzungen zum Bücherlesen. Meistens stehen schon eine ganze Menge im Schrank, die man im Laufe der Jahre geschenkt bekommen oder gekauft, aber noch nicht gelesen hat. Jetzt hat man die Zeit, das nachzuholen - und zwar ausgiebig. Und wenn man die eigenen Bestände gelesen hat, dann gibt es immer wieder neue interessante Bücher zu kaufen oder auch in den öffentlichen Büchereien zu leihen. Manches Buch liest man auch gern zum zweiten Mal oder sogar noch öfter

Es gibt natürlich nicht nur ernste Lektüre, sondern auch viele humorvolle oder spannende und nicht zuletzt auch ausgesprochen erotische Geschichten. Letztere können durchaus anregend sein. Und diese Anregung, um im Bild zu bleiben, kann ja spontan umgesetzt werden, weil Empfängnisverhütung für uns kein Thema mehr ist; das Gegenteil bisweilen schon eher... !

Aber ich will nicht abrutschen, sondern noch schnell einen s.g. „Bronze-Satz" los werden: Wer Lust hat zum Lesen, dem ist es niemals langweilig.

Was für den einen ein gutes Buch ist, das ist für den anderen ein Rätselheft. Auch das hält den Kopf fit und die Gehirnwindungen geschmeidig. Man muss allerdings dabei aufpassen, dass kein

Fanatismus aufkommt. Sudoku Freaks können Euch mehr darüber erzählen oder noch besser deren Lebenspartner!

Viele von uns haben nach dem Ende ihrer Berufstätigkeit alte Hobbies wieder reaktiviert oder ganz neue für sich entdeckt. Da gibt es Menschen, die auf einmal angefangen haben zu malen und offensichtlich bis dahin schlummernde Künstler gewesen sind. Man sieht sie strahlend auf ihrer ersten Vernissage stehen und bewundert sie dafür, dass sogar Bilder verkauft werden.

Andere entwickeln sich zu Rosenzüchtern mit ganz erstaunlichen Ergebnissen. Das ist nämlich auch so ein Hobby, für das man nicht nur einen grünen Daumen braucht, sondern Ruhe, Geduld und ganz viel Zeit.

Wieder andere erfüllen sich einen Jugendtraum und lassen sich zum Lokführer für eine dieser alten Dampfloks ausbilden, die Nostalgiezüge im Schneckentempo durch die Landschaft ziehen.

Interessant zu beobachten sind auch die Menschen, vor allem männlichen Geschlechts, die sich auf einmal zu einem Tanzkursus anmelden. Die Ursachen dafür sind sicherlich sehr unterschiedlich. Es kann eine späte Einsicht sein, dass Tanzen eine wunderbare Gelegenheit ist, einer fremden Frau tief in die Augen zu schauen. Es ist aber auch möglich, dass man sich und anderen beweisen will, dass man schon immer tanzen lernen wollte, aber leider nie die Zeit dazu hatte. Nicht auszuschließen ist allerdings auch, dass ganz einfach die Widerstandskraft gegenüber der das Leben begleitenden Ehefrau nachgelassen hat, die sich seit 40 Jahren über ihren Tanzmuffel ärgert.

Wie auch immer, es ist schön zu sehen, wie viele Frauen und Männer in der Fülle ihres Lebens auf einmal gemeinsam das Tanzbein schwingen. Dabei soll nicht verhehlt werden, dass es für die Partnerinnen bisweilen mit erheblichen Verletzungsrisiken verbunden ist, wenn der tanzende Mann eher ein trampelnder ist und trotz aller Konzentration die Motorik seiner Füße nicht geregelt bekommt.

Manche raffen sich auch auf und belegen an der Volkshochschule Kurse für Sprachen, deren Grundlagen ihnen in grauer Vorzeit auf der Schule vermittelt wurden.

Die absoluten Hirn-Aktivisten immatrikulieren sich an einer Universität für dieses berühmte „Studium im Alter". Von manchen jungen Studenten wird das nicht so gern gesehen, weil die sowieso schon zu geringen Seminarplätze dadurch noch knapper werden, vor allem aber, weil diese älteren Semester sich der Materie mit sehr viel mehr Ernst und vor allem Eifer widmen. Der Fairness halber muss man zur Ehrenrettung der jungen Studenten sagen, dass diese lebenserfahrenen Studenten, um einen unverfänglichen Begriff zu gebrauchen, natürlich auch nicht so vielen Versuchungen ausgesetzt sind. Das fängt schon damit an, dass sie im Regelfall am Studienort keine Bude haben und hört damit auf, dass das andere Geschlecht eine nicht mehr ganz so dominierende Rolle in ihrem Denken und Handeln spielt!

All diese Formen der aktiven Freizeitgestaltung und auch Unterhaltung sind lobens- und durchaus nachahmenswert, vor allem aber in der Regel völlig ungefährlich.

Das ist im Fall derer, die sich auf einmal darauf besinnen, dass sie 1964 den Führerschein gemacht haben, nicht ganz so. Sie sind zwar seit 35 oder mehr Jahren nicht mehr gefahren, halten das aber eher für unbedeutend. Selbstbewusst wird festgestellt: Mit dem Autofahren ist es wie mit dem Radfahren, das verlernt man auch nicht! Dass sich die Verkehrsregeln zum Teil geändert haben, aber vor allem, dass die Verkehrsdichte erheblich zugenommen hat, wird als eher marginal eingestuft, ebenso wie die Tatsache, dass heute auf den Autobahnen weit höhere Geschwindigkeiten gefahren werden, und auch die Fahrzeuge selbst nicht mehr ganz den Stand der Technik haben wie vor 40 Jahren. Leider erfahren die anderen Verkehrsteilnehmer nicht, wann diese Kamikaze- Driver auf die Piste gehen, und auch die Polizei hat keine Ahnung, wann sie die Bürgersteige hochziehen lassen soll.

Während vor diesen wiederentdeckten Führerscheininhabern eigentlich öffentlich zu warnen wäre, gibt es andere, die öffentlich gelobt werden müssten, dies aber überhaupt nicht wollen. Ich spreche von denjenigen, die ihre wiedergewonnene Freiheit und damit auch zusätzliche Freizeit für ein soziales Engagement unterschiedlicher Art nutzen.

Da gibt es z.B. Krankenhausbegleiter, männlichen und weiblichen Geschlechts, wobei die Frauen in diesen Bereichen deutlich stärker engagiert sind. Deshalb müsste man korrekterweise von Krankenhausbegleiterinnen sprechen, aber unsere Generation hat mit den fehlenden weiblichen Formen bestimmter Begriffe nicht annähernd das Problem, wie unsere altersmäßigen Nachfolgerinnen und Nachfolger. Für uns kann z.B. eine Frau durchaus Doktor sein und muss nicht zur Doktorin mutieren. Die Frauen unserer Generation haben sich durch ihre Persönlichkeit emanzipiert; deshalb sind sie auch gut ohne Frauenquote und Gleichstellungsbeauftragte zurecht gekommen!

Zu erwähnen sind auch die lieben Menschen, die in Altenheimen vorlesen oder sich mit Menschen unterhalten, die sonst niemanden mehr haben.

Andere, das sind dann eher die Männer, gründen einen individuellen Personennahverkehr, um den Menschen auf dem Land, die von den Verkehrsbetrieben nach und nach vergessen wurden, mehr Gelegenheiten zu bieten, in die nächste Stadt zu kommen.

Das sind einige der typischen Tätigkeiten im sozialen Bereich, die von denen wahrgenommen werden, die eine Ahnung davon haben, wie unterschiedlich das Leben sein kann, wenn der Lack ab ist.

Bevor es nun zu philosophisch wird – das soll nämlich der Schlussbetrachtung vorbehalten bleiben- wenden wir uns doch noch einmal den Musen zu.

Sie gehören nämlich zu den Freizeitangeboten, die von der berufslosen Generation besonders geschätzt werden.

Kunstausstellungen, die uns in jungen Jahren vielfach ein Gräuel waren, weil sie besucht werden mussten, entwickeln sich mit zunehmendem Alter zu echten Attraktionen, ebenso wie Museumsbesuche. Letztere haben den Vorteil, dass man sich dort eher mal setzen kann, was ja kein Nachteil sein muss. Hinzu kommt, dass wir schleichend eine gewisse Zuneigung für alles entwickeln, was nicht mehr ganz so neu ist...

Auch Konzerte stehen auf der Liste der Freizeitaktivitäten ziemlich weit oben, vielleicht nicht ganz so weit wie musikalische Nostalgieveranstaltungen mit der Musik aus den 50 und 60er Jahren. Wem von uns zuckt es nicht in den Füßen, wenn Elvis seinen „Jail House Rock“ singt, und wer ist vor diesem verträumten Blick gefeit, wenn der Blues „Sail Along Silver Moon“ erklingt? Aber auch die Beatles oder die Rattles oder die Rolling Stones scheinen uns noch immer alterslos zu machen; weil wir selbst auch längst zu Klassikern geworden sind!

Last but not least darf man die Spezies nicht vergessen, die mit der Rente oder Pension ihr Faible für das Angeln entdeckt oder wiederbelebt. Diese Spezies ist in der Regel männlichen Geschlechts und nur in ganz seltenen Fällen extrovertiert. Ein Angler hat mit sich selbst genug, und wenn ab und zu mal ein Fisch dazu kommt, fehlt ihm nichts mehr zum Glück.

Ein Überzeugungsangler geht seinem Hobby völlig unabhängig von Tages- und Jahreszeiten und unbeeinflusst vom jeweiligen Wetter nach. Das allein wäre ja noch nicht so schlimm, aber ein solcher Angler bleibt auch völlig ungerührt davon, ob seine Partnerin ein ähnliches Verhältnis zu den verschiedenen Ködern hat wie er selbst.

Er kann auch nicht verstehen, wenn seine bessere Hälfte im Falle eines außergewöhnlichen Anglerglücks seine Begeisterung nur bedingt teilt. Es ist ja schön, wenn man 10 Forellen am Haken hatte, aber im Bach ist eben einfach mehr Platz als in der Tiefkühltruhe, und in die Pfanne passen sie auch nicht alle auf einmal, mal ganz zu schweigen davon, wer sie denn essen soll.

Angler kriegen nur in absoluten Ausnahmefällen eine Fisch-Allergie, ihre Partnerinnen häufig schon dann, wenn Angel, Hocker, großer grüner Regenschirm, Köderkasten usw. ins Auto gepackt werden. Sie steigert sich noch, wenn der Mann mitten in der Nacht zurückkommt oder auch zum zweiten Frühstück, all diese nassen Klamotten überall herumliegen und ein dezenter Fischgeruch das traute Eigenheim durchzieht.

An diesem Beispiel mag man erkennen, dass getrennte Hobbies zwar den Vorteil haben, dass man sich nicht 24 Stunden am Tag sieht und der Mann, wie die Frauen gern sagen, „mal von den Füßen ist", aber einige von diesen Hobbies eben nur sehr bedingt partnerschaftsfördernd sind.

Wie immer gilt der goldene Mittelweg: Macht vieles, aber nicht alles gemeinsam und schafft Euch bestimmte Freiräume, die Euch allein gehören.

Wichtig ist, dass man sich immer noch darauf freuen kann, wenn man wieder zusammen ist.

Sportliche Aktivitäten

Sportliche Aktivitäten spielen in unserer Freizeit- oder eben auch Lebensgestaltung eine durchaus wichtige Rolle. Das hätten uns diese Jungfüchse gar nicht zugetraut, dass wir in unserer nunmehr reiferen Jugend so viel für unseren Body tun.

Natürlich hängt das auch damit zusammen, dass wir die vorhandenen Lackschäden begrenzen wollen, wenn eine vollständige Reparatur schon nicht mehr möglich ist; was ja selbst von Insidern nicht bestritten wird. Aber, wir wollen eben möglichst lange wenigstens die Farbe behalten, und dafür ist der Sport ein gutes Mittel.

Manche von uns haben eine zielgerichtete körperliche Betätigung erst mit Beginn der Berufslosigkeit entdeckt. Vor allem diejenigen von uns, die Berufe mit starken körperlichen Belastungen ausgeübt haben, sind verständlicherweise nur selten auf die Idee gekommen, den Körper in der Freizeit noch zusätzlich zu fordern. Die haben lieber die Beine lang gemacht und sich in einen gemütlichen Sessel gesetzt. Manche haben noch ein bisschen im Garten gewurschtelt, aber das war es dann auch.

Interessant festzustellen ist, dass auch viele von denen, die ihre Tage im Büro verbracht haben, auch nach Feierabend keinen unwiderstehlichen Drang zu körperlicher Betätigung verspürt haben. Das hing vielleicht damit zusammen, dass sie ihrem Körper diesen krassen Wechsel nicht zumuten wollten?! Außerdem ist so ein Gleichklang zwischen Büro und Zuhause sicherlich auch nicht zu verachten und für Menschen mit einem großen Harmoniebedürfnis bestimmt auch wichtig!

Wie dem auch sei, unabhängig von der Vorgeschichte haben jetzt viele von uns entdeckt, dass man für den Körper etwas tun muss, wenn er noch lange halten soll. Schließlich ist das Ersatzteillager, wie wir bereits festgestellt haben, doch deutlich begrenzt, und der Austausch der eigenen Innereien ist immer noch sehr kompliziert und – falls überhaupt - häufig auch nur im zeitlich begrenzten Rahmen erfolgreich.

Es bietet sich also, wie beim Auto, an, die alten Teile zu pflegen, damit sie noch eine Weile ihre Pflicht tun und auf diese Weise Werkstattkosten gespart werden. Das ist auch unter dem Aspekt der zunehmenden Selbstbeteiligung an der Behandlung körperlicher Unzulänglichkeiten durchaus von Bedeutung.

Für diejenigen, die sportlich bislang eher auf Diät waren, ist eine solche Umstellung nicht einfach, aber für Menschen, die vorher sportlich besonders aktiv waren, erst recht nicht. Sie müssen nämlich zur Kenntnis nehmen, dass auf Grund der bereits mehrfach angesprochenen Lackschäden bestimmte Sportarten, die sie früher begeistert betrieben haben, nicht mehr oder nur noch eingeschränkt möglich sind. Wer das nicht kapiert, riskiert außerdem irreparable körperliche Schäden. Die Gefahr, sich zu überfordern, darf nicht übersehen werden, weil nur bei den Bedingungen für das deutsche Sportabzeichen klare Altersklassen definiert sind. In allen anderen Fällen sind der eigene Verstand und ein vernünftiger Realitätssinn gefordert.

Stabhochsprung ist für unsere Generation sicherlich nur noch bedingt zu empfehlen, es sei denn, man tauscht den Stab gegen den eigenen Stock!

Auch vom Turmspringen sollten wir lieber Abstand nehmen, vor allem auch unter dem Aspekt eines labilen Kreislaufes, der in 10 m Höhe dazu führen könnte, dass man Absprungtermin und –art gar nicht mehr selbst bestimmt, sondern einfach taumelnd hinunter stürzt!

Apropos Springen oder auch Stürzen: Sportarten, für deren Ausübung man einen Fallschirm benötigt, scheinen mir auch nicht mehr 100% altersgerecht zu sein. Als ehemaliger Luftwaffenoffizier habe ich es sowieso nie verstanden, was Menschen dazu bewegt, freiwillig aus funktionstüchtigen Flugzeugen zu springen und sich in den Abgrund zu stürzen. Dafür muss man schon über eine ganz bestimmte Mentalität verfügen, und es heißt beim Militär nicht umsonst, dass bei vielen Fallschirmspringern der letzte Sprung zu viel war. Das hängt wohl damit zusammen, dass man nicht immer mit den Beinen zuerst am Boden ankommt.

Bergsteigen oder auch Mountainbike Fahren sollten wir ebenfalls besser denjenigen überlassen, deren Geburt weniger lange zurückliegt.

Auch beim Mannschaftssport ist Vorsicht geboten, und wir sollten uns z.B. daran erinnern, wie lange es her ist, dass sogar die Fußballschuhe aus der Altherrenmannschaft an den berühmten Nagel gehängt wurden.

Auch beim Volleyball ist die Verletzungsgefahr bei Spielern jenseits der 30, um ein unverfängliches Alter zu nennen, erheblich höher als bei den Jüngeren. Das hängt nicht nur mit der Muskulatur zusammen, sondern, wie ich mir habe sagen lassen, vor allem mit den Bändern. Die scheinen auf die Dauer irgendwie schlabberiger zu werden. Also ordnen wir Volleyball jetzt als „Primaten-Tennis“ ein und nehmen Abstand davon!

Ein weiterer Grund für eine hohe Verletzungsgefahr bei Mannschaftssportarten liegt auch darin, dass die älteren Semester offensichtlich versuchen, körperliche Unzulänglichkeiten durch Ehrgeiz und überharten Einsatz auszugleichen. Das hängt wohl damit zusammen, dass man nicht akzeptieren will, dass der eigene Leib und vor allem die Extremitäten nicht mehr immer so wollen, wie der Kopf es möchte.

Ob man in unserem Alter noch mit dem Ringen oder Boxen anfangen sollte, muss bezweifelt werden und zwar nicht nur wegen der Blessuren. Jeder von uns ist zwar in seinem Leben schon mehrfach unverschuldet oder aus eigener Dummheit auf die Schnauze gefallen, aber das ist doch etwas anderes, als wenn man gezielt etwas auf dieselbe bekommt. Ich glaube auch nicht, dass wir beim Ringen eine besonders gute Figur machen würden, nicht zuletzt, weil bei manchem ja die Arme zu kurz geworden sind, um den Gegner vollständig zu packen.

Also, meine Herren, lassen wir das. Der Vollständigkeit halber füge ich hinzu: Meine Damen, auch für Euch ist das keine empfehlenswerte Variante der körperlichen Ertüchtigung.

Dasselbe gilt – für Männlein und Weiblein gleichermaßen – für Judo oder Kampfsportarten und zwar nicht nur, weil die besondere Bekleidung, die man dafür braucht, bei dem einen oder anderen von uns nicht mehr ganz körpergerecht ist. Man spricht nicht umsonst von den Gürteln in unterschiedlichen Farben und nicht von Hosenträgern!

Wer jetzt zu dem Schluss kommt, er solle auf Grund der eigenen Leibesfülle vielleicht ein Sumo-Ringer werden, hat zwar ein starkes Selbstbewusstsein, aber nur eine geringe Selbsterkenntnis.

Das hört sich ja bis jetzt so an, als wenn es für uns gar keine Möglichkeiten mehr gäbe, uns sportlich zu betätigen. Weit gefehlt, liebe Altersgenossen, da wartet noch ein ganzes Füllhorn auf uns. Wir müssen nur hineinschauen und natürlich dann auch etwas für uns herauspicken!

Zunächst einmal sind die Sportarten zu nennen, von denen es verschiedene Varianten gibt. Jetzt gilt es, auf die passendere

– weniger feinfühlig könnte man auch sagen: altersgerechtere – umzusteigen.

Da steht statt Bergsteigen jetzt eben Bergwandern auf dem Programm. Das hat übrigens neben der geringeren Anstrengung und einem nicht so hohen Risiko auch noch den Vorteil, dass die meisten Wanderwege an irgendeinem schönen Lokal enden; manche Strecken verwöhnen uns mit diesen Einrichtungen auch schon unterwegs. Was gibt es Schöneres, als nach einem fordernden Anstieg vor einer Almhütte auf einer Holzbank zu sitzen und in der Sonne ein kühles Weizenbier zu trinken? Ich meine so eins, bei dem das Glas außen ganz beschlagen ist!

Für die ehemaligen Sportskanonen, die sich früher auf Skiern kopfüber die Berge hinuntergestürzt haben, empfehle ich die radikale Umstellung von der schwarzen Piste auf die Langlauf-Loipe. Mit dem Abfahrtslauf ist es nämlich wie mit dem Rauchen: Aufhören geht nur rigoros und auf einmal, aber nicht in Etappen! Neben der geringeren Verletzungsgefahr und dem Risiko, mit irgendwelchen Idioten zusammenzustoßen, die sich quer zur Piste bewegen, hat diese Art des Skifahrens den Vorteil, dass man auch mal etwas von der Landschaft sieht. Die Ausrüstung ist längst nicht so teuer wie für den Abfahrtslauf, und man verbringt auch nicht die Hälfte seiner Zeit in der Schlange vor den Liften. Einen Skipass braucht man in der Regel auch nicht, und die Fahrtrichtung wird vorgegeben. In der gespurten Loipe gibt es wenig Gegenverkehr, und der echte Macho – dieser Zustand soll ja völlig altersunabhängig sein – kann stundenlang hinter einem knackigen Damenhintern herfahren, ohne dass man ihn für einen Spanner hält. Das hat doch auch was - oder?

Ein weiterer Vorteil des Langlaufens ist der, dass man in der Regel nicht so weit fahren muss, um ihm zu frönen. In den letzten Jahren sind die Schneeverhältnisse ja immer schlechter geworden, und man musste immer weiter fahren und immer höher hinauf, um überhaupt noch eine gute Piste zu finden. Für Langlauf reicht es meistens noch, sogar im Sauerland. Und wenn gar nichts mehr geht, kann man auch Rollen unter die Langlaufski schrauben und auf dem Radweg damit fahren. So trainieren übrigens die Langläufer im Sommer, ist also in keiner Weise abwegig.

Jetzt ist immer noch ein Punkt offen geblieben, der für die Abfahrtsläufer nicht ganz unbedeutend ist, und das ist das Zelebrieren des Apres-Ski, für manchen mindestens so wichtig wie die Abfahrt. Diese Art des Ski-Vergnügens steht auch den Langläufern zur Verfügung und zwar in größerer Intensität, weil sie das Geld, dass sie für den Ski-Pass und die teure Ausrüstung sparen, in geselliger Runde verzwitschern können.

Also, meine Lieben, auch hier gilt: Positiv denken!

Wer früher ein fanatischer Jogger war und jetzt trotz immer teurerer Laufschuhe Probleme mit Hüften, Knien oder Fußgelenken hat, der sollte auf Aqua-Jogging umsteigen. Das ist genau so fordernd, bestens geeignet zur Konditionsverbesserung und absolut Gelenk schonend, weil Mann, Frau natürlich auch, im Wasser ein deutlich geringeres Körpergewicht hat. Diese angenehme Tatsache hat ja für den jeweiligen Menschen eine durchaus unterschiedliche Bedeutung!

Wer aber dieses Aqua-Jogging irgendwie für weibisch hält, der sollte vom Joggen auf Nordic Walking umsteigen. Dabei ist es allerdings wichtig, dass man die dazu erforderliche Technik vorher lernt. Es ist nämlich nicht damit getan, die Stöcke rhythmisch nach vorne zu werfen und sie danach hinter sich herzuschlören. Manche meinen auch, dass schon ein bestimmter Gesichtsausdruck ausreichend wäre, um dieses Nordic Walking perfekt zu absolvieren. Ich meine diese Kopfhaltung mit dem entschlossen vorgestreckten Kinn und diesem frei geradeaus gerichteten Blick voller Tatendrang. Lasst Euch sagen: Das reicht nicht. Wer diesen Sport nicht korrekt betreibt, kann besonders den Schulter- und Hüftgelenken erheblich schaden, besonders dann, wenn es sich bereits um die Titan-Version handelt.

Wer früher begeistert geritten ist, muss jetzt nicht das Gnadenbrot erhalten. Er oder sie sollte allerdings auf das extreme Geländereiten freiwillig verzichten. Auch beim Springen sollte man sich nicht daran orientieren, in welchem Alter Hans-Günther Winkler in Stockholm seine Goldmedaille errungen hat, vor allem, wenn man kein Pferd besitzt, das „Halla" heißt.

Aus eigener Erfahrung weiß ich, dass auch das gemütliche Reiten durch die Bauernschaft ausgesprochen entspannend und besonders für den Rücken eine Wohltat ist.

Viele entscheiden sich dann, wenn mehr Zeit zur Verfügung steht, für das Golfspielen. Das ist eine Sportart, die bis ins hohe Alter Freude machen kann. Allein die Tatsache, dass man sich stundenlang, wie man so schön sagt, an der frischen Luft aufhält, ist schon ein dickes Plus für unseren Körper. Leider ist Golf ein Sport, der immer noch mit erheblichen finanziellen Aufwendungen verbunden ist, die sich nicht jeder leisten kann. Bevor man überhaupt in der Lage ist, einen ersten selbständigen Parcours zu gehen, braucht man einen Lehrer, der in der Regel nicht für Gotteslohn arbeitet.

Nachteilig ist beim Golfspielen neben den Kosten auch, dass es in den Clubs immer noch viele Mitglieder gibt, die sich dort nur aufhalten, weil es chic ist. Das sind die, die eine karierte Hose, einen Kaschmir-Pullover über der Schulter und eine Art Schlägermütze tragen und damit etwas degeneriert aussehen.

Das sind übrigens auch diejenigen, die sich auf Empfängen oder irgendwelchen Stehparties ausschließlich über ihre Handicaps unterhalten. Damit sind in diesem Fall keine körperlichen Gebrechen gemeint, geistige vielleicht schon...!

Ich werde nie vergessen, wie mal ein deutscher Luftwaffenoberst – ich war es nicht! – in einem sehr erlauchten Kreis internationaler Diplomaten, die sich über ihre Handicaps unterhielten, gefragt wurde: „Colonel, do you also play gulf?" und dieser ganz trocken antwortete: „No, I still fuck."

Das war eine Szene, die mir für immer im Gedächtnis bleiben wird und – das muss ich zugeben – noch immer einen Aha-Effekt auslöst, wenn mir jemand erzählt, dass er Golf spielt. Shame on me!

Ich will natürlich mit dieser kleinen Story keinerlei Verbindung zwischen der Häufigkeit von Golfspielen und Geschlechtsverkehr herstellen. Das würde dem Niveau dieses Büchleins nun wirklich nicht entsprechen und wäre vor allem auch für unsere Generation nicht angemessen!

Wenden wir uns zum Schluss noch einigen eher bürgerlichen Sportarten zu, die aber durchaus der körperlichen Ertüchtigung dienen. Ich meine damit nicht Schach, obwohl das per Definition auch eine Sportart sein soll. Falls das stimmt, dann aber wohl mehr für den Geist als für den Körper.

Kegeln oder auch Bowling gehören dazu und tun dem Körper sicherlich gut, allerdings nur dann, wenn das bekannte „einarmige Reißen" nicht Vorrang vor dem Schieben der Kugel hat. Man sollte den sozialen Aspekt bei diesen Sportarten zwar nicht unterbewerten, aber die Kegeltour sollte nicht das Wichtigste sein, auch wenn sie oft mit wunderbaren Erlebnissen verbunden ist!

Schwimmen ist eine Sportart ohne jede Altersbegrenzung. Falls notwendig, kann man es auch in unserem Alter noch lernen. Man muss sich dafür auch nicht schämen. Manche von uns hatten in ihrer Kindheit und Jugend aus den unterschiedlichsten Gründen ja gar keine Gelegenheit, Schwimmen zu lernen. Das trifft besonders für diejenigen zu, die auf dem Land aufgewachsen sind, wo es weder eine Badeanstalt noch einen Teich gab, und statt Schwimmen eben auch häufig Arbeiten angesagt war.

Wenn man sich also im fortgeschrittenen Alter noch dieser Herausforderung des Schwimmenlernen stellen will – und wir fürchten uns ja vor nichts – braucht man allerdings einen guten und vor allem einfühlsamen Lehrer, weil es am Anfang darauf ankommt, die Angst vor dem Wasser zu überwinden. Es ist nämlich für einen Nichtschwimmer gar nicht so einfach zu glauben, dass, wie es immer so schön heißt, „Wasser trägt", und dass es außerdem etwas gibt, das man als „Auftrieb" bezeichnet.

Wenn man aber dann schwimmen kann, ist es eine wunderbare Art des Frühsports. Wenn man nämlich gleich morgens ins Freibad oder in die Schwimmhalle geht, bevor die Schulkinder kommen, kann man dort völlig ungestört seine Bahnen ziehen. Wer kennt nicht dieses wunderbare Bild, wenn die nicht mehr ganz so jungen Damen mit ihren Blümchen-Bademützen und immer bemüht, keine nassen Haare zu bekommen, geradezu majestätisch durch die Fluten gleiten, und man nur bei genauem Hinsehen überhaupt eine Bewegung erkennen kann.

Wer es mag, kann sich auch einer Gruppe anschließen, die sich für Wassergymnastik entschieden hat. Ihr werdet es vielleicht nicht glauben, aber bei einem guten Therapeuten kann man sogar im Wasser ins Schwitzen geraten. Ich spreche da aus langjähriger Erfahrung!

So einen ganz kleinen Nebeneffekt hat dieser „Wassersport" übrigens auch noch. Man kann in der Umkleidekabine durch ein paar schnelle Blicke sehr zuverlässig feststellen, ob man sich körperlich noch ganz gut gehalten hat oder nicht. Das kann das Selbstbewusstsein durchaus stärken, aber auch als Ansporn dienen, auf die eine oder andere Kalorie zu verzichten.

Neben dem Schwimmen ist wohl das Radfahren eine weitere besonders populäre Sportart. Ich meine damit nicht diejenigen, die in knallengen Radlerhosen in grellen Farben, Kopf runter, Hintern hoch, auf der Straße anstatt auf dem Radweg durch die Gegend rasen und bei Regenwetter vom Hintern bis zum Nacken diesen dunklen Rallye-Streifen haben, sondern mehr Otto, den Normalverbraucher, eben einen so wie uns.

Für uns genügt ein Holland- oder Tourenrad mit vielleicht 6 Gängen, weil man eigentlich sowieso höchstens drei benutzt. Der Sattel sollte dem Alter des Hinterns und, falls erforderlich, auch dessen Umfang entsprechen. Im Zweifelsfall sind diese Münsterländer Spezialsättel mit 2-4 Federn wirklich zu empfehlen.

Ganz pfiffig ist es auch, einen Fahrradkorb oder ein paar Satteltaschen zu haben, weil man immer irgendetwas mitnehmen muss oder möchte und zwar vom Regencape bis zu einer Flasche Bier und ein paar Landjägern. Sport bedeutet ja nicht, dass man nichts mehr essen und trinken darf!

Auf eine Spezialkleidung müssen wir auch in unserem Alter nicht verzichten, weil so ein zusätzliches Polster in einer Radlerhose ja durchaus angenehm ist. Stichwort Polster: Wir alle haben uns ja irgendwo ein paar zusätzliche Polster angelegt, von denen einige auf den ersten Blick zu sehen sind, andere aber eher im Verborgenen existieren und im Regelfall durch eine schmeichelnde Bekleidung erfolgreich kaschiert werden. Deshalb gibt es auch keinen Grund, diese Rollen und Pölsterchen dadurch in die Öffentlichkeit zu locken, dass man sich in eine Radlerausstattung zwängt, die uns aussehen lässt wie eine Wurst in einer zu engen Pelle, die kurz vor dem Platzen steht!

Das Thema der passenden Bekleidung bringt mich zum Schluss dieses Kapitels zu der körperlichen Ertüchtigung, der die Menschen in einem Fitness-Center frönen.

Grundsätzlich kann man seinem Körper dort ganz gezielt Wohltaten erweisen, aber nur dann, wenn von einem Fachmann ein ganz persönliches Programm entwickelt wird, das nicht nur die richtigen Geräte, sondern auch die für den jeweiligen Nutzer passenden Einstellungen derselben enthalten muss. Sonst schadet dieses Training nämlich mehr als dass es nutzt.

Außerdem kann ein ungezielter Muskelaufbau dazu führen, dass wir auf einmal aussehen wie Meister Proper, Pop Eye oder der weiße Riese, und wer will das schon wirklich, mal ganz zu schweigen davon, dass als Folge der gesamte Inhalt des Kleiderschrankes beim Roten Kreuz oder den Maltesern abgegeben werden kann!

Aber das wollte ich ja eigentlich gar nicht sagen, sondern mich noch etwas über diese „Fitness-Center-Mode“ auslassen.

Fitness-Center sind ja grundsätzlich in, und das hat natürlich auch die Bekleidungsindustrie längst gemerkt. Stretch, Farbe und Körperfreiheit scheinen bei dieser Mode die wichtigsten Faktoren zu sein. Alle Kleidungsstücke sind hauteng, dehnen sich mit der entsprechenden Körperbewegung – häufig unter beabsichtigter oder unfreiwilliger Entblößung kleinerer oder auch größerer Körperpartien – und dürfen nicht in dezenten Farben gehalten sein. Ihr als aufmerksame Leser habt daraus bestimmt schon den Schluss gezogen, dass diese Art von Bekleidung wie für uns erfunden ist... Vielleicht ist es ja nicht ganz so, weil die individuelle Entwicklung unseres Körpers einfach weiter fortgeschritten ist als bei den 30-Jährigen.

Deshalb brauchen wir diese Muscle-Shirts nicht unbedingt, und so ein Body, der vorne bis zu den Hüftknochen und hinten bis zur oberen Kurve des Pos ausgeschnitten ist, erzielt in unserem Fall vielleicht doch nicht mehr die beabsichtigte Wirkung!

Wir sollten also auch im Fitness-Center unser übliches Image pflegen, dass wir nämlich alle stille, feine Menschen sind.

Enkelkinder oder: Das persönliche Fitness-Programm

Die beste Alternative zum Besuch von Fitness-Centern und jeder anderen Form von körperlicher Ertüchtigung sind Enkelkinder. Sie fordern nicht nur den Körper, sonder auch den Kopf und sind deswegen eine wunderbare Herausforderung und ein ideales Training für alle Großeltern.

Mir tut jeder leid, der auf Grund der Unentschlossenheit oder Spätentwicklung seiner Kinder diese Erfahrung noch nicht selbst machen kann, und ich wünsche jedem, dass ihm dieses persönliche Fitness-Programm noch geboten wird.

Für diejenigen, die leider keine Kinder haben und deshalb auch niemals Enkelkinder bekommen werden, hoffe ich, dass sie dieses Kapitel nicht traurig macht, sondern dass sie sich einfach mitfreuen können.

Wer Enkelkinder hat, wird niemals richtig alt, auch wenn er früher oder später mal den Eindruck macht. Einer Omi oder einem Opa muss man nur in die Augen sehen, und man erkennt sofort, wie jung das Herz geblieben ist.

Der eine oder andere hat ja ein Problem damit, auf einmal Großvater oder Großmutter zu sein, ich nicht. Ich wollte auch nie „Opa Jürgen“ sein, weil das für manche Leute irgendwie jünger klingt. Für mich ist das moderner Schnickschnack; da bin ich sehr konservativ. Wenn man „Oppa“ ist – im Münsterland schreibt man das mit zwei p, bzw. spricht es wenigstens so aus -, dann ist man es ohne wenn und aber und fühlt sich dadurch auch überhaupt nicht alt. Meine Frau wollte immer „Omi“ sein und ist froh, dass niemand ihr bis heute diese Bezeichnung streitig gemacht hat.

Das einzig Gewöhnungsbedürftige als Großvater ist, dass man jetzt mit einer Omma ins Bett muss, aber das soll umgekehrt ja auch gelten...!

Bei unserem ersten Enkel heiße ich jetzt „Oppa-Bart". Mal sehen, was die Enkeltochter sagen wird, wenn sie sprechen kann.

Enkelkinder kennen überhaupt kein Alter, sondern unterscheiden nur nach Menschen, die für sie da sind und sich mit ihnen beschäftigen und solchen, deren Köpfe ziemlich weit vom Boden weg und damit nicht für sie da sind.

Ein Oppa mit Phantasie ist besser als jedes Spielzeug, wenn er genug Ausdauer hat, um auf die ständige Frage „Und nachher?" immer eine Antwort zu haben. Dass man beim Erfinden von Geschichten auch das eigene Gehirn trainiert, fällt unter „gern akzeptierte Nebenwirkungen".

Mit den körperlichen Herausforderungen durch die Enkel ist es nicht anders. Wer am Vormittag zwei Stunden mit seinem Enkel am Strand im Sand gebuddelt und unzählige Eimerchen mit Wasser geholt hat, der ist mittags genauso müde wie der kleine Mann. Aber es ist eine wohlige Müdigkeit, auch wenn es an der einen oder anderen Stelle etwas zieht und zwackt und manche Gelenke eher eigenwillige Geräusche von sich geben. Man ist eben ein knackiger Typ! Ein gemeinsames Mittagsschläfchen macht Enkel und Oppa wieder fit für neue Taten.

Meistens beginnt es nach so einem Mittagschläfchen mit Büchern, aus denen vorgelesen werden muss und wehe, wenn man z.B. vergisst, dass der eine Bauarbeiter einen Verband am Arm hat, dann zeigt die kleine Hand blitzschnell auf diesen Mann, der „Aua hat" und bestimmt schon beim Onkel

Doktor war. Das hätte man eben einfach wissen müssen; Hauptsache, man weiß beim nächsten Mal Bescheid.

Wenn abends noch eine Geschichte vorgelesen werden soll, und dieser kleine Mensch dabei in Oppas Arm oder auf Oppas Bauch liegt, dann ist nicht immer klar, wer von den beiden als erster einschläft.

Am schönsten ist es für den Oppa und auch für den Enkel, wenn dieser Oppa helfen kann. Im Garten macht es besonders viel Spaß, wenn der kleine Mann mit der großen Schubkarre durch die Gegend kurvt und man nicht genau weiß, ob der Enkel die Karre schiebt oder von der Karre gezogen wird.

Im Gewächshaus muss immer wieder erzählt werden, was da alles grünt und blüht. Bei uns hat das dazu geführt, dass unser Enkel Johann als erstes Mama, als zweites Papa und als drittes Wort „Gurke“ gesagt hat. Vielleicht wird er ja mal Gemüsebauer, aber im Moment stehen Bauarbeiter höher im Kurs, weil die all diese dicken Maschinen haben, wie Bagger, Schaufellader, Lastwagen und Kräne.

Im Sommer geht Johann als erstes ins Gewächshaus und muss eine Tomate pflücken und sofort in den Mund stecken. Daran erinnere ich mich dann im Frühjahr, wenn es darum geht, ob ich wieder eigene Tomaten ziehe oder nicht. Der Trägheitsteufel flüstert mir zwar ins Ohr, dass man Tomaten an jeder Ecke kaufen kann, dass sie unterm Strich sogar billiger sind, wenn man auch die Arbeitszeit rechnet, und dass die gekauften oft sogar dicker sind als die selbst gezogenen. Aber dieser Versuchung widerstehe ich leicht, wenn ich an Johanns leuchtende Augen denke, seine kleine Hand in meiner großen, und wir zusammen ins Gewächshaus gehen, um eine „Mate“ zu ernten.

Habt Ihr schon mal mit einem Enkel Kartoffeln gepflanzt? Das ist ein Erlebnis, das im Frühjahr beginnt und erst mitten im Sommer mit der Ernte aufhört. Natürlich lohnt sich ein Kartoffelanbau auf einer Fläche von 10 m² nicht; ich meine unter wirtschaftlichen Gesichtspunkten. Aber die spielen beim „Oppa-Enkel-Kartoffel-Pflanzen“ nun wirklich die allerletzte Rolle. Alles, was man zusammen mit so einem kleinen Menschen macht, dauert mindestens doppelt so lange, und man muss zwischendrin unendlich viele Fragen beantworten, was nicht immer einfach ist. Erklärt doch mal so einem Steppke, warum die Kartoffel erst welkes Kraut haben muss, bevor ihre Kinder groß genug sind, dass man sie ernten kann. Gar nicht so einfach.

Und völlig unverhofft und ohne jede Vorwarnung kommt dann auf einmal die Frage: „Oppa-Bart, Du auch Schniepel?“ Das ist in der Familie unseres zweiten Sohnes die Bezeichnung für diesen edlen Körperteil, den die Medizin mit dem langweiligen Namen „Penis“ belegt hat.

So ein Frage ist relativ leicht zu beantworten, falls erforderlich kann auch der Beweis angetreten werden, aber es bleibt ja nicht bei der Frage, ob Oppa auch einen Schniepel hat, sondern es werden alle Menschen, die Johann kennt, unter diesem Aspekt abgefragt, bis das Thema erledigt ist. Sicherlich haben viele von Euch schon ähnliche oder dieselben Erfahrungen gemacht.

Mit Enkelkindern genießt man alles, was man bei den eigenen Kindern entweder verpasst oder auch gar nicht kapiert hat. Das liegt einerseits daran, dass man viel gelassener und auch geduldiger geworden ist, zum anderen ist es aber auch darin begründet, dass man als Oppa viel mehr Zeit hat. Als Vater wurde man beruflich stark gefordert, man verdiente nicht so viel Geld, hatte vielleicht mit erheblicher Eigenleistung ein Haus gebaut und war auch häufig dienstlich unterwegs. Von unseren vier Kindern habe ich, wie bereits erwähnt, die ersten beiden erst richtig kapiert, als sie schon 4 Jahre alt waren. Beim dritten Sohn und unserer

Tochter war ich schon älter, insgesamt besser organisiert und vor allem auch in der Lage, die richtigen Schwerpunkte zu setzen. Das ist alles nicht so einfach, wenn man jung ist. Schließlich haben die meisten von uns ihre Kinder bekommen als sie zwischen 25 und 30 Jahre alt waren.

Heute heiraten die jungen Leute erst zwischen 30 und 35, falls überhaupt. Als ich 35 Jahre alt war, hatten wir bereits drei Kinder, und ich war beruflich verantwortlich für ca. 350 Menschen.

Das waren wirklich andere Zeiten, ohne behaupten zu wollen, dass sie besser waren als heute, aber eben anders. Ich denke, viele von Euch haben ähnliche Erlebnisse und stimmen mir mit einem „ja, so isses“ zu.

Schön ist auch, dass man bei den Enkelkindern nicht immer vernünftig sein muss, und bisweilen zeigt man auch nicht die Konsequenz, die man den eigenen Sprösslingen für die Erziehung der Kinder immer ganz besonders ans Herz legt.

Man sollte sich dabei allerdings von den eigenen Kindern nicht erwischen lassen, was übrigens auch für die eine oder andere Gelegenheit gilt, in denen unser Verhalten pädagogischen Ansprüchen nicht vollständig genügt.

Last but not least haben Enkelkinder den unschätzbaren Vorteil, dass man sie- im Gegensatz zu den eigenen Kindern – auch wieder abgeben kann, wenn man geschafft ist oder einfach mal wieder für sich sein möchte.

Auf der anderen Seite muss man allerdings auch mit dem Nachteil leben, dass man sie nicht immer haben kann, wenn man möchte, und dass man sie auch noch mit den anderen Großeltern teilen muss, weil die ihre Enkel natürlich genau so lieb haben wie man selbst.

Zum Schluss möchte ich nicht vergessen zu sagen, was für mich neben dem Erleben der Enkel das Wichtigste ist, nämlich die Tatsache, dass es sie überhaupt gibt. Mit den Enkelkindern schließt sich der Kreis, der für uns mit unseren eigenen Eltern oder auch Großeltern begonnen hat. Jetzt weiß man, dass das Leben auch ohne unser unmittelbares Zutun weitergehen wird und zwar nicht irgendwo da draußen, sondern in unserer Familie, in unserer ganz persönlichen, kleinen Welt.

Dafür nehme ich gern in Kauf, dass der Lack ab ist!

Nostalgisch-philosophische Schlussbetrachtung

Wie Ihr gemerkt habt, begann es im letzten Kapitel schon etwas philosophisch zu werden, und das passt ja auch gut am Ende dieses Büchleins.

Wenn Ihr beim Lesen bis hierher gekommen seid und Euch schon an meinem Büchlein „Badetag und Wundertüte- Kindheit und Jugend im Münsterland 1950 –1965“ erfreut habt, wird Euch bestimmt aufgefallen sein, dass es in beiden Büchern einige Kapitel gibt mit derselben Überschrift, die sich aber natürlich im Inhalt unterscheiden.

Das habe ich absichtlich gemacht, um eine Verbindung herzustellen zwischen den Erinnerungen an unsere Kindheit und Jugend und der heutigen Zeit.

Dazwischen liegen für uns alle mehr als 40 Jahre, also ein ganzes Leben, und das ist schön und traurig zugleich.

Schön ist es, dass wir diese Welt schon so lange erleben dürfen und traurig, weil die Zeit so schnell vergangen ist.

Irgendwie ist es einem gar nicht bewusst geworden, dass am nächsten runden Geburtstag schon 7 dicke Kerzen auf dem Geburtstagskranz brennen. Das liegt sicherlich auch daran, dass wir uns, bis auf die miesen Tage, die jeder von uns ja auch erlebt hat, und von denen wir auch in Zukunft bestimmt nicht verschont bleiben werden, eigentlich so fühlen wie immer.

Meine 92jährige Tante sagte kürzlich so treffend: „Weißt Du, wenn ich abends im Bett liege und daran denke, dass ich jetzt 92 Jahre alt bin, kann ich das irgendwie gar nicht kapieren, weil ich mich eigentlich nicht viel anders fühle als vor 20 oder 30 Jahren.“

Ich denke, uns allen geht es ähnlich, und das wird sich wohl auch nicht ändern, wenn wir die Einschulung unserer Enkel noch erleben. Einige von Euch haben das ja vielleicht schon hinter sich und können beurteilen, ob ich mit meiner Vermutung richtig liege oder nicht.

Trotzdem muss man sich natürlich die Frage stellen, was für uns noch kommt. Was hat der Herrgott für uns noch im Köcher? Liegen mehr glückliche oder mehr traurige Tage vor uns? Wird unsere Gesundheit es uns noch eine Weile erlauben, die verbleibende Lebenszeit in etwa so zu nutzen und zu genießen wie bisher? Das wäre natürlich wunderbar!

Aber, weil das keiner weiß, gilt das Motto: Carpe Diem!

Wir haben keine Zeit zu verschenken, heute noch weniger als früher. Deshalb muss man weder in Hektik noch in Aktivismus verfallen und auch keine Klimmzüge machen, um sich äußerlich einen Rest von Jugend zu erhalten. Alles Quatsch: Wir akzeptieren uns so, wie wir sind. Wir sind gepflegt, ohne jeden Tag eine immer aufwendiger werdende Restaurierung zu betreiben. Dafür ist uns die Zeit zu schade

Schönheit, Charme und auch Lebenslust sind nämlich an kein bestimmtes Lebensalter gebunden, sondern an Persönlichkeiten. An dem Spruch, dass wahre Schönheit von innen kommt, ist schon was dran, aber ein bisschen sollte doch auch für die Fassade übrig bleiben.

Wer bestreitet, dass auch eine ältere Dame schön aussehen kann, der hat nicht kapiert, was der Begriff „Schönheit“ wirklich bedeutet. Das hat nämlich mit „hübsch sein“ gar nicht so viel zu tun. Und das kann ja wohl niemand kompetenter feststellen als ich mit meinem Nachnamen!

Also, meine Lieben, erhaltet Euch Euren Optimismus, fangt jeden Tag mit Freude an, denkt positiv, und lasst Euch davon nicht unterkriegen, wenn wieder mal ein Stück Lack abgeplatzt ist. Wir haben viele Farbschichten und außerdem eine erstklassige Grundierung aus Lebenserfahrung, Weisheit, Gelassenheit und auch Humor.

Bis die durch ist, das dauert noch eine Weile. Verlasst Euch drauf!

Wenn unsere Enkeltochter Sara, die im Mai diesen Jahres geboren wurde, im Jahre 2040 ihren Geburtstag feiert, wird sie 33 Jahre alt sein. Dann spricht schon lange niemand mehr von uns, weil wir und mit uns unsere Freunde ihren Aufenthaltsort gewechselt haben, und unsere Kinder werden dann wohl schon die Großeltern sein. Aber trotzdem werden wir nicht von dieser Welt verschwunden sein, weil wir in unseren Kindern und Enkelkindern weiterleben.

P.S.

Ehe ich es vergesse, ich bitte um Verständnis, dass ich Euch wieder alle geduzt habe, aber schließlich kennen wir uns ja auch schon seit Kindertagen, auch wenn wir uns noch nicht alle getroffen haben!

weitere bereits erschienene Bücher des Autors:

„Der Irak-Kuwait- Krieg
Chronologie einer programmierten Katas-trophe“

2. überarbeitete und aktualisierte Auflage, Edition ERGON, Pfungstadt 1992
3. überarbeitete und mit einem aktuelle Nachtrag versehene Auflage im Eigenverlag
Detlef Mönch, Druck & Verlag, Essen, im März 2003
418 Seiten, 19,50 €

Leserstimmen: „Wer sich über die Vorgeschichte der Ereignisse am Golf ein Bild machen möchte, findet im Buch von Hübschen eine Fülle von Detailinformationen. Die klare und direkte Sprache lässt dabei die Lektüre zur kurzweiligen Angelegenheit werden- ein lesenswertes Buch“, Frank Henning, Magazin: „Die Bundeswehr“

ISBN 3-934173-09-8

„Waffen nach Nahmittelost – der Weg in die Neue Weltordnung?“

Edition ERGON, Pfungstadt, 1994
124 Seiten, 3 €

Leserstimmen: „Die von Hübschen zusammengestellten Daten belegen: Für die Rüstungsindustrie hat sich der Irak-Kuwait-Krieg gelohnt...Hübschens pointierte Analysen werden auch diesmal nicht die Zustimmung aller Leser finden. Doch es ist gut, wenigstens im nachhinein zu erfahren, worin man sich hat täuschen lassen, als sich weiterhin mit der politischen und militärischen Propaganda zufrieden zu geben.“, Militärdekan Horst Scheffler in „Offizierbrief“

ISBN – 3-927960-23-3

Restexemplare ausschließlich zu beziehen über: Jürgen Hübschen, Paulusstraße 31, 48268 Greven

„Die Zukunft des Irak – Pax Americana?“

Dr. Böttiger Verlag, Wiesbaden im Dezember 2005
640 Seiten, 28,80 €

Leserstimmen: „Überhaupt ist Hübschens Buch voller überraschender Zitate. Sein umfangreiches Werk wird dadurch lesbar, dass man fast überall einsteigen kann und sofort einen Einblick in den Verlauf der Ereignisse bekommt. Hübschen hat ein gut strukturiertes, ein fast enzyklopädisches Buch vorgelegt, das voll von Daten und Fakten ist. Inhaltlich setzt sich der Fachmann Hübschen deutlich von der amerikanischen Politik ab.“ Heiko Flottau, Süddeutsche Zeitung

ISBN 3-925725-53-9

„Badetag und Wundertüte
Kindheit und Jugend im Münsterland 1950 –1965“

agenda Verlag, Münster 2007-07
113 Seiten, 12,00 €

ISBN 978-3-89688-302-5